# आन्तरिक सुरक्षा और पुलिस

# आन्तरिक सुरक्षा और पुलिस

गौतम वीर

अर्जुन पब्लिशिंग हाउस

# आन्तरिक सुरक्षा और पुलिस



संस्करण, **2023**

ISBN 81-8330-042-1

*प्रकाशक :*

**अर्जुन पब्लिशिंग हाऊस**

4831/24, गोविन्द लेन,

अंसारी रोड, दरियागंज,

नई दिल्ली—110002

फोन : 23272541, 23242541

e-mail : arjunbooks2001@gmail.com

*टाइपसेटिंग :*

**अर्जुन कम्प्यूटर्स**

दिल्ली—110051

*प्रिन्टर्स :*

**बालाजी डिजिटल**

दिल्ली

# समर्पण

## परम श्रद्धेय गुरु जी
## प्रो० शैलेन्द्र चतुर्वेदी

*अध्यक्ष एवम् डीन,*

राजनीति शास्त्र विभाग,

चौधरी चरण सिंह विश्वविद्यालय, मेरठ

# प्रस्तावना

गत अर्द्ध शताब्दी में पूरे देश ने स्वतंत्रता को अपने समीप दो अवसरों पर विशेष रूप से देखा है; पन्द्रह अगस्त और छब्बीस जनवरी। हमारे देश की स्वतंत्रता से जुड़ी हुई ये दोनों तिथियाँ स्वतंत्रता के समय जितना आनन्दित करती थीं, स्वतंत्रता-प्राप्ति के उपरान्त इस मनोभाव से बहुत कमी आई है। आनन्द, सन्तोष और सुख की जिस सन्तुलित कामना के साथ सामान्य नागरिक ने अपने मन में विशिष्ट प्रकार की आशाओं के दीप जलाने का प्रयास किया था, वह भावना तिरोहित हो रही है।

भारतीय समाज में बढ़ती हुई हिंसा के कारण अपर्याप्त सुरक्षा की व्यवस्था ने एक विशेष प्रकार की भयानुभूति को पैदा किया है, इन सबके कारण कुछ भी हों, साधारण नागरिक प्रशासन के रूप में सभी अपेक्षाएं पुलिस व्यवस्था से करता है। पुलिस संगठन को विरासत में मिली हुई कठोरता तथा परिस्थितियों द्वारा दी गई विषमताओं के परिणामस्वरूप उस पर अकर्मण्य, अत्याचारी, निरंकुश और भ्रष्ट होने के विविध आरोप लगाये जाते हैं। यहां तक कि निष्क्रिय और उदासीन होने के भी आरोप लगाये जाते रहे हैं।

पुलिस संगठन की अनेकों कमियों के प्रति जितनी उत्सुकता दर्शाने की प्रवृत्ति आलोचकों में पनपी है, उससे पुलिस संगठन का मनोबल किसी तरह बढ़ा नहीं है। समाज की जटिल रचना, जाति, धर्म, सम्प्रदाय के बढ़ते हुए भयावह दबाव, अल्प साधनों और संख्यात्मक कमी के गणित को समझे बिना पुलिस संगठन पर जब आरोप और आक्षेप ही लगाये जाते हैं तब यह लगता है कि यह अधूरा सत्य है।

पुलिस का सर्वाधिक उत्तरदायित्व आन्तरिक सुरक्षा को सुनिश्चित करना है ताकि जनसाधारण को एक ऐसा पर्यावरण प्राप्त हो सके जहां निर्भय वे अपने

विकास के लक्ष्य को प्राप्त कर सके। आन्तरिक सुरक्षा का साधारण अर्थ यह है कि व्यक्ति अपने घर, गाँव, नगर में सुरक्षा की अनुभूति कर सके। इस दिशा में प्राथमिक रूप से पुलिस के कार्यों में उसकी निरन्तर की उपस्थिति, निर्धारित क्षेत्र में उसका भ्रमण, अपराधी प्रवृत्ति के व्यक्तियों पर दृष्टि रखना, उनके कार्यकलापों की जानकारी, उक्त की सूचना वरिष्ठ अधिकारियों को देना, यातायात को नियन्त्रित करना, जहां भी सार्वजनिक स्थान पर जन समूह उपस्थित हो, वहां पर शान्ति स्थापित करना, जैसे कार्य समाहित होते हैं। यदि पुलिस बल इन कार्यों को क्षमता से कर सके तो अपराधों की रोकथाम स्वयं ही हो जाती है और उस स्थिति में पुलिस बल को आपराधिक गवेषणा करने और साक्ष्य और गवाह एकत्रित करने, सम्पूर्ण मामले को न्यायालय में पेश करने में कम असुविधा होती है और सम्भावित अपराधियों को दण्डित कराने में सफलता प्राप्त होती है। उच्चतम न्यायालय ने अपने निर्णय में यह घोषित किया कि कानून और व्यवस्था की छोटी से छोटी घटना यदि समय रहते नियन्त्रित न की जाए तो वह कभी भी व्यापक राष्ट्रीय समस्या बन सकती है। गुजरात के दंगे इसका एक उदाहरण है। इस दृष्टि से प्रस्तुत पुस्तक यह जानने की एक प्राथमिक चेष्टा है कि क्या पश्चिमी उत्तर प्रदेश के बुलन्दशहर जनपद में क्या पुलिस बल ने आन्तरिक सुरक्षा व्यवस्था बनाये रखने के अपने उत्तरदायित्व का समुचित निर्वहन किया है? इस दृष्टि से अनुभवात्मक शोध प्रणाली के अन्तर्गत प्राथमिक स्रोतों से सूचना एकत्रित की गई है और निष्कर्ष पर पहुंचने का प्रयास किया गया है। सम्पूर्ण शोध सात अध्यायों में विभक्त है। जहां प्रथम अध्याय, आन्तरिक सुरक्षा का सैद्धान्तिक विवेचन प्रस्तुत करता है वहीं द्वितीय अध्याय में पुलिस प्रशासन की भूमिका की चर्चा की गयी। कहना ही होगा कि आन्तरिक सुरक्षा की दृष्टि से कानून और व्यवस्था की स्थापना और अपराधों की रोकथाम में पुलिस प्रशासन की महती भूमिका है। अध्ययन क्षेत्र के न्यायिक अपराधीय परिचयांकन को द्वितीय अध्याय में विश्लेषित किया गया है। तृतीय अध्याय में पुलिस प्रशासन की आन्तरिक सुरक्षा में भूमिका का उल्लेख किया गया है। चतुर्थ अध्याय उपरोक्त आधार पर पुलिस संगठन की संरचनात्मक व कार्यात्मक क्षमता का उल्लेख करता है, पंचम अध्याय में बुलन्दशहर का एक परिचांयकन लेने का प्रयास किया गया है। जबकि षष्ठम् अध्याय में आन्तरिक सुरक्षा के परिप्रेक्ष्य में स्थानीय समाज में पुलिस की क्षमता का मूल्यांकन स्थानीय समाज एवं नौकरशाही के दृष्टिकोण एवं नेतृत्व की पुलिस प्रशासन के प्रति अवधारणा को व्यात्वित करता है तथा साथ ही स्थानीय समाचार के प्रति पुलिस प्रशासन के सन्दर्भ में उपलब्ध सूचनाओं के विश्लेषण के आधार पर उक्त क्षमता का मूल्यांकन करने का प्रयास किया गया, कानून एवं व्यवस्था की प्रभावी प्रक्रिया

में स्थानीय समाज का सहयोग किस सीमा तक प्रशासन को क्षमतावान बना सकता है, इसका उल्लेख सप्तम् अध्याय में निहित है और इस आधार पर ही अन्तिम अध्याय में कुछ निष्कर्ष निकालने के प्रयास किये गये हैं और साथ ही, यह भी मूल्यांकित करने का प्रयास किया गया है कि जिन परिकल्पनाओं की परक के लिए प्रस्तुत शोध कार्य प्रारम्भ किया गया था, वे किस सीमा तक शोध के प्रति न्याय कर सके हैं।

कोई भी शोध एकांगी सम्पन्न नहीं होता है। व्यक्ति, संस्था, समूह के संयोग की आवश्यकता निरन्तर बनी रहती है। यह मेरा सौभाग्य है कि मुझे इस शोध कार्य में विद्वतजनों, व्यवस्था से जुड़े अधिकारियों, मित्रों एवं परिवारजनों का व्यवस्था एवं भावनागत सहयोग सतत् प्राप्त रहा है और उनके प्रति आभार प्रस्तुत करना मेरा कर्त्तव्य है। एतदर्थ इस अवसर पर मैं अपने उन उत्तरदाताओं, पुलिस अधिकारियों एवं कुलाधिपति, 'इन्द्रप्रस्थ टेक्नालॉजिकल यूनिवर्सिटी, सुन्दर नगर, रायपुर (छ०ग०), निर्देशक इन्द्रप्रस्थ इन्स्टीट्यूट मेरठ, श्री धरमेन्द्र भारद्वाज, प्राचार्य डी०ए०वी० (पी०जी०) कॉलेज, बुलन्दशहर, डॉ० विपिन प्रताप गौतम का आभार व्यक्त करना चाहूँगा, जिन्होंने अपनी समय सीमा से परे जाकर मुझे सहयोग प्रदान किया एवं इस शोध कार्य को पूर्णता की दिशा प्रदान करने में सहायता प्रदान की।

मैं विभिन्न ग्रन्थालयों एवं चौ० चरण सिंह विश्वविद्यालय की पुस्तकालय के कर्मियों का भी आभारी हूँ, जिन्होंने शैक्षणिक जानकारी प्रदान कर मेरे अध्ययन को सहज बनाया है। इस लघु शोध प्रबन्ध को टंकित करने के लिए मैं विनय अग्रवाल एवं मोहित जैन (नवनीत कामर्शियल कॉलेज, तेजगढ़ी, मेरठ) का भी धन्यवाद प्रस्तुत करना चाहता हूँ।

मैं शोध-प्रबन्ध को अपने निदेशक प्रो० एस०के० चतुर्वेदी जी, अपने पिता डॉ० भूपाल सिंह व अपनी पत्नी राधू पंवार को समर्पित करता हूँ, उनके सद्प्रयासों एवं स्नेहदिल निर्देशन के कारण ही मैं इस शोध-प्रबन्ध को पूर्ण कर पाया हूँ।

**गौतम वीर**

# अनुक्रमणिका


| | |
|---|---|
| *प्रस्तावना* | *v* |
| **अध्याय** | **पृष्ठ** |
| 1. आन्तरिक सुरक्षा : सैद्धान्तिक विवेचना | 1 |
| 2. न्यायिक अपराध : प्रशासन मूल्यांकन | 10 |
| 3. पुलिस संगठन : संरचनात्मक एवं कार्यात्मक क्षमता | 18 |
| 4. पुलिस प्रशासन की आन्तरिक सुरक्षा में भूमिका | 38 |
| 5. बुलन्दशहर : एक परिचयांकन | 45 |
| 6. आंतरिक सुरक्षा : पुलिस की क्षमता का मूल्यांकन | 69 |
| 7. पुलिस एवं जनसहयोग | 92 |
| 8. निष्कर्ष | 103 |
| *सन्दर्भ ग्रन्थ-सूची* | 107 |

# तालिका अनुक्रमणिका


| क्रम सं० | तालिका सं० | तालिका विवरण | पृष्ठ सं० |
|---|---|---|---|
| 1. | 1.1 | आतंकवादी हिंसा में मारे गये व्यक्तियों का विवरण | 7 |
| 2. | 1.2 | आतंकवादी हमले में मारे गये व्यक्तियों का विवरण (1990 से अक्तूबर 2001) | 7 |
| 3. | 1.3 | देश में दंगों की घटनायें सम्प्रदायिक घटनाओं सहित | 8 |
| 4. | 2.1 | रेखाचित्र: प्रक्रिया | 11 |
| 5. | 2.2 | रेखाचित्र : स्ट्रक्चर ऑफ क्रिमनल जस्टिस इन इण्डिया | 17 |
| 6. | 3.1 | रेखाचित्र | 18 |
| 7. | 3.2 | रेखाचित्र : उत्तर प्रदेश | 19 |
| 8. | 3.3 | रेखाचित्र | 20 |
| 9. | 4.1 | स्थानीय अधिनियम के अन्तर्गत अपराध | 39 |
| 10. | 4.2 | भारतीय दण्ड संहिता के अन्तर्गत अपराध | 40 |
| 11. | 4.3 | कानून और व्यवस्था की स्थापना में पुलिस बल की भूमिका | 41 |
| 12. | 4.4 | सप्ताह में गश्त | 42 |
| 13. | 4.5 | पुलिस बल एवं जनसम्पर्क | 42 |
| 14. | 4.6 | पुलिस बल का जनसाधारण के प्रति व्यवहार | 42 |

| क्रम सं० | तालिका सं० | तालिका विवरण | पृष्ठ सं० |
|---|---|---|---|
| 15. | 4.7 | आपराधिक घटनाओं के सन्दर्भ में पुलिस बल के प्रति उत्तर समय अंतराल | 43 |
| 16. | 4.8 | नगर में साम्प्रदायिक दंगों के सन्दर्भ में | 43 |
| 17. | 5.1 | जनपद में विभिन्न धर्मों के मानने वाले लोगों का विवरण | 55 |
| 18. | 5.2 | जनसंख्या की क्षेत्रवार स्थिति | 57 |
| 19. | 5.3 | मुख्य फसलों का क्षेत्रवार विवरण | 58 |
| 20. | 5.4 | जनपद बुलन्दशहर में 1952 से 2004 तक लोकसभा स्थानों का विवरण | 60 |
| 21. | 5.5 | जनपद बुलन्दशहर में 1952 से 2002 तक विधानसभा स्थानों का विंवरण | 60 |
| 22. | 6.1 | पुलिस बल की गतिशीलता के सन्दर्भ में उत्तरदाताओं का दृष्टिकोण | 73 |
| 23. | 6.2 | पुलिस बल एवं जनसम्पर्क के विषय में उत्तरदाताओं के उत्तरों की संरचना | 74 |
| 24. | 6.3 | पुलिस बल के घटना स्थल पर पहुँचने की समय संरचना | 75 |
| 25. | 6.4 | पुलिस स्टेशन पर प्राथमिकी अंकित कराने सम्बन्धी उत्तरों की संरचना | 75 |
| 26. | 6.5 | अध्ययन क्षेत्र में उग्रवादी घटनाओं सम्बन्धी उत्तर संरचना | 75 |
| 27. | 6.6 | उग्रवादी घटना एवं पुलिस की भूमिका | 76 |
| 28. | 6.7 | साम्प्रदायिक दंगों सम्बन्धी घटना पर उत्तरदाताओं की संरचना | 76 |
| 29. | 6.8 | साम्प्रदायिक दंगों में पुलिस की भूमिका | 76 |
| 30. | 6.9 | स्थानीय पर्यावरण में शान्ति और व्यवस्था की स्थापना तथा पुलिस बल की भूमिका | 77 |
| 31. | 6.10 | पुलिस बल एवं भ्रष्टाचार पर जनसाधारण का मन्तव्य | 77 |

| क्रम सं० | तालिका सं० | तालिका विवरण | पृष्ठ सं० |
|---|---|---|---|
| 32. | 6.11 | जनसाधारण के मध्य पुलिस की छवि | 78 |
| 33. | 6.12 | पुलिस बल की सक्षमता में बाधक कारक | 79 |
| 34. | 6.13 | पुलिसकर्मियों का आयु वर्गीकरण | 82 |
| 35. | 6.14 | पुलिसकर्मियों का शैक्षिक योग्यता वर्गीकरण | 82 |
| 36. | 6.15 | पुलिसकर्मियों का जातीय अनुपात | 82 |
| 37. | 6.16 | पुलिस अधिकारियों के पद के सन्दर्भ में | 83 |
| 38. | 6.17 | पुलिस अधिकारियों की आय के स्रोतों के सन्दर्भ में | 83 |
| 39. | 6.18 | आपराधिक वृत्ति के बढ़ने के सन्दर्भ में | 83 |
| 40. | 6.19 | अपराधों की समय से रोकथाम के सन्दर्भ में | 84 |
| 41. | 6.20 | अपराधों को रोकने में उठाये गये कदमों के सन्दर्भ में | 85 |
| 42. | 6.21 | पुलिस बल के गश्त पर न होने के सन्दर्भ में | 85 |
| 43. | 6.22 | पुलिस बल के जनसाधारण से सम्पर्क न करने के सन्दर्भ में | 86 |
| 44. | 6.23 | पुलिस बल के जनसम्पर्क के सन्दर्भ में | 86 |
| 45. | 6.24 | पुलिस बल का घटना स्थल पर पहुंचने में समय के सन्दर्भ में | 87 |
| 46. | 6.25 | पुलिस द्वारा प्राथमिकी दर्ज करने के सन्दर्भ में | 87 |
| 47. | 6.26 | पुलिस बल के समय से व्यवस्था बनाने के सन्दर्भ में | 88 |
| 48. | 6.27 | दंगे के समय पुलिस बल का जनसाधारण के प्रति व्यवहार के सन्दर्भ में | 88 |
| 49. | 6.28 | पुलिस बल की अक्षमता के सन्दर्भ में | 89 |
| 50. | 6.29 | पुलिस को सहयोग मिलने के सन्दर्भ में | 89 |
| 51. | 6.30 | निर्दोष लोगों को पकड़ने के सन्दर्भ में | 90 |
| 52. | 6.31 | Incidence of Cognizable Crimes (ICC) Under Different Crime Heads During 1995 to 1999 | 91 |

| क्रम सं० | तालिका सं० | तालिका विवरण | पृष्ठ सं० |
|---|---|---|---|
| 53. | 7.1 | पुलिस अधिकारियों के व्यवहार के सन्दर्भ में उत्तरदाताओं का मत | 93 |
| 54. | 7.2 | पुलिस की सक्रियता के सन्दर्भ में उत्तरदाताओं का दृष्टिकोण | 94 |
| 55. | 7.3, 7.4, 7.5, 7.6 | | 95 |
| 56. | 7.7–7.8 | पुलिस की सक्रियता के सन्दर्भ में उत्तरदाताओं का दृष्टिकोण | 96 |
| 57. | 7.9, 7.10 | | 97 |
| 58. | 7.11 | पुलिस भ्रष्टाचार के सन्दर्भ में उत्तरदाताओं का दृष्टिकोण | 98 |
| 59. | 7.12 | पुलिस व जनसामान्य के सम्बन्ध के सन्दर्भ में उत्तरदाताओं के दृष्टिकोण का स्वरूप | 98 |
| 60. | 7.13 | पुलिस अधिकारियों के घटनास्थल पर आगमन का स्वरूप | 99 |
| 61. | 7.14 | पुलिस की निष्क्रियता के कारणों के सन्दर्भ में विकास और अपराध | 100 |
| 62. | 7.15 | उत्तरदाताओं की दृष्टि में पुलिस और भ्रष्टाचार का स्वरूप | 101 |
| 63. | 7.16 | उत्तरदाताओं की दृष्टि में प्राकृतिक विपदाओं के समय पुलिस के व्यवहार का स्वरूप | 102 |

# 1

# आन्तरिक सुरक्षा : सैद्धान्तिक विवेचना

राज्य का अभ्युदय दो प्रमुख उद्देश्यों की पूर्ति के लिए हुआ है, ऐसा लगभग सभी राजनीतिशास्त्री मानते हैं। ये दोनों उद्देश्य हैं–सुरक्षा और न्याय। न्याय भी सुरक्षापूर्ण वातावरण में ही सुनिश्चित किया जाता है। अत: राज्य की उत्पत्ति के पीछे मूल भावना सुरक्षा की ही है। लैटिन भाषा में सुरक्षा शब्द का पर्यायवादी 'सिक्युरिटाज' है जिसका अर्थ है 'चिन्ता रहित स्थिति'। दूसरे शब्दों में सभी प्रकार के भय और खतरों से मुक्ति, ताकि व्यक्ति मात्र तत्कालीन पर्यावरण में स्वयं को भयमुक्त समझते हुए जीवन के मूल्यों को प्राप्त कर सके तथा अपनी इच्छा के अनुसार अपना सर्वांगीण विकास कर सके। अपनी जीवन पद्धति मूल्य संस्कृति एवं सामाजिक संरचना को सुरक्षित व संरक्षित कर सके। इस प्रकार सुरक्षा का भाव उन सभी अंगों तक विस्तृत है जो कि व्यक्ति के भौतिक, सामाजिक, मनोवैज्ञानिक कारकों से सम्बन्धित हैं। इन सभी कारकों के पारस्परिक समवेत भावों से जहां समाज सुरक्षित व विकसित होता है वहीं इनके बीच संघर्ष व तनाव से वह असुरक्षित, अव्यवस्थित एवं असहज होता है। पारस्परिक सहमति को समाज के बाह्य व आन्तरिक दोनों को ही पर्यावरण से चुनौती मिलती है। किनतु यहां यह उल्लेखनीय है कि जब तक आन्तरिक पर्यावरण सहज नहीं होगा बाह्य पर्यावरण शान्ति उत्पन्न नहीं कर सकेगा। अत: आन्तरिक पर्यावरण को सहज बनाये रखना किसी भी समाज की पारम्परिक जिम्मेदारी है।[1] जिस समाज में प्रतिस्पर्धात्मक शक्तियां क्रियाशील रहती हैं वहां संघर्ष और तनाव होना अकल्पनीय नहीं है।

---

1. S.K. Chaturvedi : "Role of Police in Criminal Justice System", B.R. Publishing Corporation, Delhi, 1966, p. 1.

परिणामत:, असुरक्षा का भाव समाज में बना रहता है। यह भी एक परिकल्पना है कि ज्यों-ज्यों विकास की ओर व्यक्ति अग्रसर होता है असुरक्षा बढ़ती है। अत: स्वयं को सुरक्षित रखने के क्रम में समाज ने राज्य नामक संस्था को प्रजन्मित और विकसित किया है, और बाह्य वातावरण में सुरक्षा बनाये रखने में राज्य जहां सेना का उपयोग करता रहा है, वही आन्तरिक वातावरण में सुरक्षा बनाये रखने में व पुलिस और अर्द्ध सैनिक बलों का प्रयोग कर रहा है। यहां उल्लेखनीय है कि प्राचीन काल से लेकर आधुनिक काल तक आन्तरिक व बाह्य सुरक्षा की जिम्मेदारी सेना की ही थी।[2] किन्तु, जैसे-जैसे सामाजिक व्यवस्था जटिल होती गयी और राजनीतिक जागरूकता बढ़ती गयी आन्तरिक व्यवस्था की जिम्मेदारी पुलिस नामक संस्था को मिली। बाह्य पर्यावरण में असुरक्षा तभी प्रजन्मित होती है जब पड़ोसी राष्ट्र या अन्य दूसरे राष्ट्र देश की सीमाओं का अतिक्रमण करने का प्रयास करें। किन्तु, आन्तरिक सुरक्षा को चुनौती व्यक्ति संगठित समूह, अथवा असंयमित भीड़ से मिलती है। व्यक्ति समूह में जाति, धर्म, रंग, वंश, क्षेत्र, भाषा और ऐसे ही अनेकों हितों के कारण पहले संगठित होते हैं और फिर स्वयं हित समूह में हित और वर्चस्व की भावना से सामान्य सामाजिक मर्यादाओं और विधिक अथवा संवैधानिक मर्यादाओं का उल्लंघन करते हुए सामाजिक एकत्व की प्रक्रिया को इसलिए चुनौती देने लग जाते हैं ताकि अन्य सामाजिक समूहों की तुलना में उनका विकास अथवा परिवर्तन शीघ्र हो। किन्तु इस प्रक्रिया से अन्त तक राष्ट्रीय, क्षेत्रीय एवं स्थानीय स्थायित्व एकता को चुनौती प्राप्त होती है और पर्यावरण अशान्तिमय, असंतुलित और अव्यवस्थित हो जाता है इस प्रकार आन्तरिक, प्रसुरक्षा समाज को मिलने वाली उस चुनौती का नाम है जो स्थानीय समुदाय, क्षेत्र सरकार अथवा सम्प्रभुता को उपरोक्त कारणों से प्राप्त होती है। इसे संतुलित रखने के लिये पुलिस एकमात्र संस्था है। यहां यह स्पष्ट करना प्रासंगिक होगा कि आन्तरिक सुरक्षा कानून और व्यवस्था को बनाये रखने की साधारण प्रक्रिया नहीं है, अपितु उससे अधिक कहीं सामाजिक स्थायित्व बनाये रखने की प्रक्रिया है ताकि विकास और परिवर्तन दोनों साथ-साथ सहज भाव से होते रहें। यह स्पष्ट करना भी यहां उचित जान पड़ता है कि आन्तरिक, बाह्य व्यवस्था एक दूसरे के पूरक हैं। औद्योगिक, आर्थिक, वैज्ञानिक और सांस्कृतिक विकास के साथ यहां यह स्थिति और भी स्पष्ट एवं महत्वपूर्ण हो गयी है। बाह्य वातावरण अधिकांशत: आन्तरिक वातावरण की सुरक्षा को प्रभावित करता है, और आन्तरिक वातावरण बाह्य सुरक्षा पर प्रभाव डालता है। इस परिप्रेक्ष्य में पर्यावरण शब्द की व्यंवस्था भी उचित होगी। पर्यावरण

2. n-1, p. 2.

वह है जो किसी भी वस्तु के चारों और छाया रहता है। राज्य व्यवस्था की स्थिति में पर्यावरण उसकी भौगोलिक स्थिति, समाज और उसकी विशेषताओं जैसे व्यक्ति विचारधारा मूल्य, संस्कृति, इतिहास; अर्थव्यवस्था, संविधान, राजनीतिक दल, राजनैतिक प्रक्रिया, नेतृत्व शासन पद्धति और उसके पारस्परिक क्रिया और प्रतिक्रियाओं से निर्मित होता है। जो अन्तत: पर्यावरणीय तनावों और दबावों को जन्म देते हैं। यदि इन तनावों और दबावों का समाधान राज्य व्यवस्था समयानुसार कर लेती है तो अन्य सभी उपव्यवस्थायें सामान्य एवं सन्तुलित भावों से चलती रहती हैं। यदि ऐसा नहीं हो पाता है तो सामाजिक सांस्कृतिक व्यवस्था को चुनौती मिलती रहती है। उदाहरण: जातिगत और धर्मगत हिंसा की बात हो अथवा नगरीय और ग्रामीण समाज के बीच तनाव की बात हो। छात्र और श्रमिक दुर्बल वर्गों में व्याप्त असन्तोष हो अथवा अन्याय विषय हो उनके समाधान न होने पर ही व्यक्तिगत अव्यवस्था अथवा सामूहिक हिंसा होती है, या व्यवस्था असन्तुलित और असंयमित हो जाती है जिससे आन्तरिक असुरक्षा की भावना बलबती होती है। यहां यह भी उल्लेखनीय है कि पर्यावरणीय परिवर्तन का प्रयास भी इस प्रक्रिया को बल देता है। उपरोक्त सैद्धान्तिक विवरण को निम्न तालिका से भी इस प्रकार से समझा जा सकता है।[3]

## पर्यावरण परिवर्तन

| *इनपुट* | *आउटपुट* |
|---|---|
| [समाज की मांग<br>हिस्सा लेना (भाग लेना)<br>सूचना]<br>(सामग्री, कानून मानना,<br>सम्मिलित होना व<br>सरकार संचार)। | (वंश, व्यवहार का<br>नियमन, भाग लेना,<br>समान का वितरण व अवसर) |

उपरोक्त की पृ[illegible] राष्ट्रीय परिप्रेक्ष्य में आन्तरिक सुरक्षा की स्थिति को समझना प्रासंगिक [illegible]

यहां यह उल्लेख[illegible] अप्रासंगिक होगा कि हमारी सामाजिक संरचना अतीत में संकीर्ण रही है जिसमें सामाजिक संचरण अत्यन्त सीमित और प्रतिरोधित रहा है। जिस जाति के हाथों में आर्थिक संसाधन रहे हैं वही जाति सामाजिक रूप से श्रेष्ठ

3. n-1, p. 3.

रही है, क्योंकि वही राजनैतिक सत्ता व शक्ति के समीप रही है। समस्त प्राचीन, मध्य और उपनिवेशी इतिहास इसका प्रतीक है। किन्तु, स्वतन्त्रता के उपरान्त देश के नेतृत्व ने लोकतन्त्रात्मक, गणतन्त्रीय, संघवादी और संसदात्मक व्यवस्था का देश के लिए चयन किया ताकि सामान्तवादी और कृषि प्रधान देश को एक लोकतान्त्रिक समाज में बदला जा सके। जिसमें सबको ही न्याय एवं स्वतन्त्रता मिलने का सामान रूप से विश्वास हो सके। इन लक्ष्यों की प्राप्ति के लिए राजनीतिक नेतृत्व ने योजनाबद्ध विकास की नीति अपनायी ताकि पारम्परिक, सामन्तवादी और कृषि प्रधान समाज आधुनिक, औद्योगिक समान रूप से भागीदारी वालों उदारवादी समाज के रूप में परिवर्तित हो सके। इस कारण सामाजिक, आर्थिक, राजनैतिक एवं सांस्कृतिक हित सतह पर आ गये और उस कारण स्वतंत्रता के बाद उत्तरोत्तर जातीय और वर्गगत संघर्षों में सामुदायिक, सामूहिक हिंसा में, ग्रामीण तनाव में, औद्योगिक एवं श्रमिक विवादों में, छात्रों के प्रदर्शन में, राजनीतिक दबावों की भाषा में क्षेत्रीय सांस्कृतिक पहचान के नाम पर, धर्म के नाम पर, स्वायत्तता के नाम पर अनेकों तनावों को और सामाजिक अशान्ति को जन्म मिला। इन परिस्थितियों का पड़ोसी राष्ट्रों ने लाभ उठाया और देश में आतंकवाद, अतिवाद अथवा राजनीतिक स्वतन्त्रता के नाम पर आन्दोलन चलाये जिससे राष्ट्रीय सुरक्षा, स्थायित्व और एकीकरण को ठेस पहुंची। चुनावी हिंसा, शहरी एवं ग्रामीण तनाव को बल मिला। इस परिप्रेक्ष्य में पर्यावरणीय दबावों के कारण बाह्य ताकतों की घुसपैठ, हिंसा और तोड़-फोड़ की गतिविधियाँ बढ़ीं। जिसने बढ़ते हुए भ्रष्टाचार, बेरोजगारी, असन्तुलित विकास, राजनीतिक शोषण, दरिद्रता, जनसंख्या की वृद्धि आदि तनावों और दबावों को और अधिक बढ़ाया। पुलिस की जिम्मेदारी इस पर्यावरण में शान्ति और व्यवस्था बनाये रखने में एवं अपराधों व अपराधियों की रोकथाम करने के लिए है। इसके पूर्व कि पुलिस की कार्यव्यवस्था की विवेचना की जाये, अति संक्षेप में आतंकवाद, साम्प्रदायवाद, बाह्य देशों की घुसपैठ, सामूहिक हिंसा, वामपंथी हिंसा आदि से आन्तरिक पर्यावरण को मिलने वाली जानकारी भी अभीष्ठ होगी।[4]

मानवीय मनोविज्ञान की विभिन्न संवेदनाओं में श्रद्धा, प्रेम, स्नेह आदि यदि संकायात्मक संवेदनाएं हैं तो हिंसा द्वेष नकारात्मक संवेदनाएं हैं। स्वार्थ पूर्ति के क्रम में जब व्यक्ति लोकाचारों, कथाओं और परम्पराओं की प्रक्रिया के माध्यम से असफल होने लगता है तो हिंसा को वह एक माध्यम के रूप में स्वार्थपूर्ति की

---

4. S.K. Chaturvedi : "Rural Police in India", B.R. Publishing Corporation, New Delhi, 1988, pp. 30-57.

दशा में प्रयुक्त करता है। यह कभी-कभी व्यक्तिगत आधार पर प्रयुक्त की जाती है तो कभी सामूहिक आधार भी जाति, रंग, वंश, धर्म, क्षेत्र, भाषा में लेकर बन जाते हैं। अत: प्रत्येक सम्प्रदाय एवं सामूहिक हिंसा की पृष्ठभूमि में इन संवेदनाओं में से एक न एक क्रियाशील होती है। व्यक्तिगत रूप में हिंसा, असन्तोष, अलगाव का, व्यक्ति हिंसा अथवा सामूहिक हिंसा एक ओर यदि वर्गीय और साम्प्रदायिक हिंसा को जन्म देती है तो दूसरी ओर ये कारक जनमत को अपने हितों की दृष्टि से प्रभावित करने के प्रयास करते हैं एवं आतंकवादी हिंसा को भी जन्म देते हैं। इस प्रकार आतंकवादी संगठन लोगों का वह समूह है जो अपने उद्देश्यों की प्राप्ति के लिए व्यवस्थित रूप से हिंसा का प्रयोग करते हैं और जिसके पीछे सामाजिक, धार्मिक, क्षेत्रीय, भाषीय जनसाधारण का समर्थन होता है। वर्तमान में ऐसे सैकड़ों समूह है जो विश्व में हिंसा और आतंकवाद का विस्तार कर रहे हैं। इनमें से इकतालीस समूह अन्तर्राष्ट्रीय स्तर पर स्वीकृत किये जा सके हैं और सत्रह प्रतिशत की दर से बढ़ रहे हैं। आतंकवाद के दृष्टिकोण में उपरोक्त आधार के अलावा और भी कारण हैं, जैसे ऐतिहासिक, प्रभुत्व, सम्पन्नता की इच्छा, तकनीकी विकास, भ्रष्टाचार और निरंकुशता, असन्तुलित विकास, राजनीतिक शोषण, गरीबी, बेरोजगारी, जनसंख्या वृद्धि और नेतृत्व इनमें से कोई भी एक या अनेक कारण आतंकवादी हिंसा को जन्म दे सकते हैं। पंजाब में यदि धार्मिक आधार पर भ्रष्टाचार एवं विकास का असन्तुलित वितरण आतंकवाद का प्रमुख कारण था तो कश्मीर में गरीबी, बेरोजगारी भी इस कारण में जुड़े। उत्तर पूर्व के राज्यों में भी प्रकारान्तर कारण प्रभावी है, जैसे संविधान के बाहर स्वतन्त्रता की मांग, लोकतान्त्रिक व्यवस्था में अविश्वास और इससे अलगाव की भावना। इन स्थितियों और संवेदनाओं को देश के बाहर की शक्तियां अपने पक्ष में प्रयुक्त करती हैं और इस प्रकार आतंकवाद का क्षेत्रीय और अन्तर्राष्ट्रीय स्वरूप बन जाता है।[5] लोकतन्त्र को आतंकवाद स्वीकार नहीं करता। अत: लोकतान्त्रिक व्यवस्था पर उसका पहला प्रभाव होता है। अपने उद्देश्यों की पूर्ति के लिए आतंकवादी राष्ट्रीय महत्व के व्यक्तियों, स्थानों और व्यवस्थाओं को नष्ट करना चाहता है। वायुयानों का अपहरण, सार्वजनिक स्थानों पर विस्फोट आदि उनकी प्रमुख गतिविधियां होती हैं। आतंकवाद से जनसामान्य को सुरक्षित रखने में स्वाभाविकत: पुलिस की भूमिका आम हो जाती है बशर्ते पुलिस को परिश्रम व आधुनिक हथियार उपलब्ध हों क्योंकि जैसे पूर्वत: है-जैसे आतंकवाद का समर्थन स्थानीय लोगों से ही प्रारम्भ

---

5. एम०ए० सिद्दीकी "समाज पर बोझ है पुलिस का गैर-जिम्मेदाराना रवैया", राष्ट्रीय सहारा, नई दिल्ली, 1 अप्रैल, 1999, पृष्ठ 6।

होता है जिसकी रोकथाम अर्द्धसैनिक बल नहीं कर सकते। पुलिस व्यवस्था के सामने एक दूसरी समस्या घुसपैठ की है। इसमें किसी दूसरे राष्ट्र के व्यक्ति दूसरे राष्ट्र में प्रविष्ट होकर वहां के लोगों को प्रभावित कर राष्ट्र को हानि पहुंचा सकते हैं। घुसपैठ के लिए संवेदनशीलता समाज का बहुलवादी चित्र है। जो संस्कृति, धर्म, भाषा, आर्थिक संरचना आदि पर आधारित है। हमारे देश में पूर्वोत्तर के राज्यों में इस प्रकार की गतिविधियों को इस प्रकार देखा जा सकता है कि यहां के स्थानीय स्थायित्व समाज में यह भावना घर कर गयी है कि उनके प्रति स्थानीय शासन न्यायशील नहीं है और उनका शोषण निरन्तर होता रहा है। असम, मिजोरम, मेघालय की घुसपैठ का चरित्र आसान नहीं है क्योंकि विकास के साधारण विकल्प वहां नहीं पहुंच पाये हैं, अतः वे राष्ट्र की भावना से अलगाव भावना महसूस करते हैं।[6]

दूसरे शब्दों में आधुनिकरण की चाह परम्परावादी समाज की बाह्य ताकतों को अपने क्षेत्र में आमन्त्रित करने के लिए संवेदनशीलता बनाये रखते हैं। तोड़-फोड़ सामूहिक हिंसा एवम् हत्या, आतंकवाद एवं घुसपैठ से भय बनाये रखने के लिए प्रमुख साधन बनाये जाते।

बिहार में झारखण्ड, मध्य प्रदेश में छत्तीसगढ़ की मांग, उत्तर प्रदेश में उत्तराखण्ड की मांग जो पूरी की जा चुकी है, बंगाल में गोरखालैण्ड, असम में बोड़ोलैण्ड आदि को रोकने के लिए पुलिस ही सबसे प्रभावी माध्यम हो सकता है।

भारत एक बहुलवादी समाज है, परिणामतः यहां सामाजिक, सांस्कृतिक, धार्मिक और आर्थिक आधारों पर विभिन्न व्यक्ति अपने स्वार्थों को लेकर क्रियाशील हैं और स्वार्थों की पूर्ति न होने के कारण उनमें परस्पर टकराव है जिसका परिणाम सामूहिक एवम् वर्गीय हिंसा है फिर चाहे वह हिंसा जातिगत हो या धर्मगत उसका स्वरूप आतंकवाद का अथवा वर्गीय संघर्ष का, परन्तु हिंसा स्पष्टतः  देखी जा सकती है। पुलिस बल के लिए यह बहुत बड़ी चुनौती है जिसके लिए न तो पुलिस बल सम्भवतः प्रशिक्षित है और न ही उसका मनोबल इस स्तर का है कि वह इस चुनौती को स्वीकार कर सके।[7] बंगाल, बिहार, कश्मीर, आन्ध्रप्रदेश, मध्य प्रदेश आदि प्रान्तों में जिस प्रकार सामूहिक हिंसा जारी है और जिस प्रकार पुलिस असफल हो रही है वह एक उदाहरण है। इस स्तर पर

6. n-5, p. 57.
7. National Police Commission, Report IJPA, IIPA, New Delhi.

**तालिका 1.1**

**आतंकवादी हिंसा में मारे गये व्यक्तियों का विवरण**

| राज्य | सन् | मारे गये नागरिकों की संख्या | | | |
|---|---|---|---|---|---|
| | | आतंकवादी | नागरिक | सुरक्षा बल | कुल |
| कश्मीर | 1998-2001 अक्तू॰ | 14006 | 11241 | 4035 | 29292 |
| पंजाब | 1981-2000 | 11770 | 8094 | 1748 | 21612 |
| असम | 1992-2000 | 2348 | 584 | 1188 | 4120 |
| नागालैण्ड | 1992-2000 | 591 | 235 | 833 | 1659 |
| त्रिपुरा | 1992-2000 | 1839 | 265 | 224 | 2328 |

**तालिका 1.2**

**आतंकवादी हमले में मारे गये व्यक्तियों का विवरण**

**( 1990 से अक्तूबर 2001 )**

| *सन्* | *आतंकवादी* | *नागरिक* | *सुरक्षा बल* | *कुल* |
|---|---|---|---|---|
| 1990 | 183 | 682 | 132 | 1177 |
| 1991 | 614 | 594 | 135 | 1393 |
| 1992 | 873 | 859 | 177 | 1909 |
| 1993 | 1328 | 1023 | 216 | 2567 |
| 1994 | 1651 | 1012 | 236 | 2899 |
| 1995 | 1338 | 1161 | 297 | 2796 |
| 1996 | 1194 | 1333 | 378 | 2903 |
| 1997 | 1177 | 840 | 355 | 2372 |
| 1998 | 1045 | 877 | 339 | 2261 |
| 1999 | 1184 | 792 | 555 | 2538 |
| 2000 | 1808 | 842 | 638 | 3288 |
| 2001 | 1610 | 931 | 515 | 3066 |

यहां यह लागू होगा कि आतंकवाद के सैद्धान्तिक स्वरूप को स्पष्ट किया जाए। आतंकवाद जनसाधारण के बीच में इस रूप से हिंसा करने की क्रिया का नाम है

जो कि समूह विशेष को समाज से काट दे अथवा उन्हें नकारात्मक रूप से प्रभावित करे जिससे समाज के विभिन्न वर्गों के बीच एकरूपता समाप्त हो जाए। साथ ही आतंक का विस्तार करने की दृष्टि से विभिन्न विस्फोटक सामग्रियों, हथियारों एवं अन्य शस्त्रों से समाज के निरीह लोगों को हानि पहुंचाने की क्रिया आतंकवाद का आधार है। नागालैण्ड, मणिपुर, त्रिपुरा और मिजोरम में इस प्रकार

**तालिका 1.3**

**देश में दंगों की घटनायें सम्प्रदायिक घटनाओं सहित**

| *क्रम सं॰* | *राज्य/संघ शासित क्षेत्र* | *1988* | *1989* | *1992* | *1993* | *1994* |
|---|---|---|---|---|---|---|
| 1. | आन्ध्र प्रदेश | 5153 | 5246 | 3902 | 3255 | 3354 |
| 2. | आसाम | 4748 | 4619 | 6763 | 4462 | 3876 |
| 3. | बिहार | 15343 | 15665 | 15067 | 13819 | 13593 |
| 4. | गुजरात | 1615 | 1853 | 3280 | 2682 | 2259 |
| 5. | जम्मू-कश्मीर | 1958 | 2306 | 728 | 681 | 647 |
| 6. | कर्नाटक | 6659 | 6748 | 10191 | 7856 | 9130 |
| 7. | केरल | 7487 | 7430 | 6564 | 6128 | 7324 |
| 8. | मध्य प्रदेश | 4062 | 4606 | 4732 | 3772 | 3961 |
| 9. | महाराष्ट्र | 4857 | 4772 | 5582 | 4892 | 4422 |
| 10. | उड़ीसा | 1506 | 1782 | 2569 | 1941 | 1863 |
| 11. | राजस्थान | 13411 | 15298 | 18424 | 17668 | 18741 |
| 12. | तमिलनाडु | 8973 | 8732 | 6587 | 8339 | 7343 |
| 13. | उत्तर प्रदेश | 9411 | 9818 | 10604 | 9273 | 9594 |
| 14. | पश्चिम बंगाल | 7311 | 7498 | 7256 | 6642 | 5147 |
| 15. | दिल्ली | 113 | 151 | – | 219 | 172 |
| 16. | पाण्डीचेरी | 130 | 169 | – | 57 | 41 |
| | योग | 94241 | 98943 | 104749 | 93838 | 94344 |

*स्रोत* : राष्ट्रीय अपराध अभिलेख ब्यूरो, गृह मंत्रालय, पूर्वी खण्ड–7, रा॰कृ॰ पुरम, नई दिल्ली।

का आतंक फैलाकर उन्हें राष्ट्र से भावनात्मक रूप से पृथक कर दिया गया है। बंगाल में नक्सलवादी आन्दोलन में भी यही तकनीक प्रयोग की गयी थी।[8]

अल्पसंख्यकों एवं दलितों के प्रति सामूहिक हिंसा सामाजिक स्तर पर पारस्परिक वैमनस्य का परिणाम है। पिछले दशकों में जहां जनसंख्या की वृद्धि 72.1 प्रतिशत रही है। पिछले दशकों पर यदि दृष्टिपात किया जाए तो सामूहिक उपद्रवों में 11.6 प्रतिशत से लेकर 18.9 प्रतिशत की वृद्धि अंकित की गयी है। यह वृद्धि कुल उपद्रवों में से कुल हिंसात्मक उपद्रवों में महसूस की गयी। उदाहरणतः 1977 के 62,258 में से 11.6 प्रतिशत उपद्रव हिंसात्मक थे और 1981 के 4182 उपद्रवों में 18.9 प्रतिशत उपद्रव हिंसात्मक थे, इसी प्रकार 1989 के 4353 उपद्रवों में से 30.4 प्रतिशत उपद्रव हिंसात्मक और हरिजनों के विरुद्ध थे, जबकि 1982 में 3690 उपद्रवों में से 47.4 हरिजनों के विरुद्ध थे। इस प्रकार के आंकड़ों पर दृष्टिपात किया जाए तो दशक अर्थात् 1990-2000 में यह प्रतिशत बढ़ा हुआ दिखाई देगा जो तालिका संख्या 1.3 से स्पष्ट है।

इस प्रकार के सभी उपद्रवों जो सामूहिक हिंसा में होते हैं, जो न केवल सामाजिक ताने-बाने की क्षति करते हैं बल्कि पुलिस के समक्ष चुनौती है जो उसकी जिम्मेदारी है। दूसरे देशों से घुसपैठ की चुनौती व्यापक स्तर पर विशेष रूप में पूर्वोत्तर राज्यों में पाकिस्तान से पश्चिमी राज्यों में एवं नेपाल से उत्तर के राज्यों में घुसपैठ की यह चेष्टा "संवैधानिक सरकारों को अव्यवस्थित करने की क्रिया और इसके लिए पड़ोसी राज्यों द्वारा तोड़-फोड़ और आपराधिक गतिविधियाँ संचारित की जा रही हैं। पुलिस के लिए यह भी आन्तरिक सुरक्षा के परिदृश्य में एक चुनौती है जिसका प्रभावी उपाय किये जाने की आवश्यकता है। स्वतन्त्रता के दशकों में इस प्रकार आन्तरिक सुरक्षा के लिए बहुआयामी चुनौती खड़ी हो गयी है जिस कारण नगरीय हिंसा, ग्रामीण स्तर पर बेचैनी, आतंकवादी हिंसा, घुसपैठ से बचने वाली हिंसा आज के उभरते हुए परिदृश्य हैं जो राष्ट्रीय जन-जीवन को नकारात्मक रूप से प्रभावित कर सकते हैं। जिसके लिये पुलिस बल को अति दृढ़ करने की आवश्यकता है। इसका कारण पर्यावरणीय संरचना भी है जो विभिन्न कारकों की प्रक्रिया और क्रिया से प्रस्फुटित होती है। स्वतन्त्रता के बाद राष्ट्रीय परिदृश्य में व्यापक अन्तर आया है। इसके लिए कौन से कारण उत्तरदायी हैं और उन्होंने कौन से अपराधों को प्रभावित किया है कि जानकारी और विश्लेषण इसलिए आवश्यक है ताकि पुलिस को सक्षम और दृढ़ बनाया जा सके। न्यायिक अपराध प्रशासन अगले अध्याय की भावभूमि है।

---

8. राष्ट्रीय सहारा, दिल्ली, आतंकवादी हमले में मारे गये लोग, 1990 से अक्तूबर 2001, 22 दिसम्बर, 2001, पृष्ठ 4.

# 2

# न्यायिक अपराध : प्रशासन मूल्यांकन

विश्व के सभी चिन्तकों ने इस शाश्वत् सत्य को स्वीकार किया है कि राज्य के उदय और संगठन के पीछे दो उद्देश्य रहे; मानव जाति को सुरक्षा एवं न्याय प्रदान करना। सभ्यता के विकास के साथ समाज को उन खतरनाक एवं स्वार्थी तत्वों से जूझना पड़ा, जिन्होंने विकासशील समाज के लक्ष्यों को प्राप्त करने में अनेक अवरोध पैदा किये, उन तत्वों पर रोक लगाने के लिए ही आपराधिक न्यायिक व्यवस्था अस्तित्व में आई। इसका मूल उद्देश्य है कि समाज के उन तत्वों पर, जो सामाजिक जीवन के आधारभूत नियमों का उल्लंघन करते हैं, मुकदमा चलना एवं दण्डित करना। संक्षेप में इस प्रक्रिया के निम्न तीन उद्देश्य हैं–

(1) यह समाज के उन खतरनाक व्यक्तियों को हटाती है जो उसके अस्तित्व के सामने हिंसात्मक चुनौती प्रस्तुत करते हैं।

(2) यह उन व्यक्तियों से जो सामाजिक जीवन के लिए आवश्यक परिस्थितियों का निर्माण करते हैं, आपराधिक चरित्र वालों को अलग करती है।

(3) यह कानून तोड़ने वाले एवं असामाजिक व्यक्तियों को भविष्य में कानून के पालन करने वालों के रूप में परिवर्तित करने का एक अवसर प्रदान करती है।

आपराधिक न्यायिक व्यवस्था का विचार 1967 में उस समय अधिक लोकप्रिय हुआ, जब यू० एस० प्रेसीडेन्ट्स कमीशन ऑन लॉ एन्फोर्समेन्ट एण्ड एडमिनिस्ट्रेशन ऑफ जस्टिस रिपोर्ट ऑन चैलेन्ज ऑफ क्राइम इन ए फ्री सोसाइटी को सार्वजनिक किया गया। इस रिपोर्ट में पुलिस, बार, बैन्च और कारागार इन चार उप-व्यवस्थाओं का समावेश था। इस उप-व्यवस्था को ही आपराधिक, न्यायिक व्यवस्था का नाम दिया गया।

वैचारिक रूप से आपराधिक न्यायिक व्यवस्था का मूल उद्देश्य है कि अपराधियों की पुनर्वास की व्यवस्था करना और उन्हें कानून पालन करने वाले नागरिकों के रूप में शामिल करके समाज की मुख्य धारा में लाना। आपराधिक न्याय की व्यवस्था व्यक्तिगत सुरक्षा, सामाजिक दबाव एवम् राष्ट्रीय एकता से सम्बन्धित है। इसका उद्देश्य है कि सार्वजनिक नैतिकता को बनाये रखना।

वैचारिक रूप से आपराधिक न्यायिक व्यवस्था पारस्परिक व्यवहार के अन्तर्विरोधों का नाम है, क्योंकि व्यक्ति अपने अन्दर उठने वाले संवेगों से ही प्रभावित नहीं होता अपितु जिस समाज में वह रहता है उसकी परिस्थितियां भी उसके विचार को सन्तुलित और असन्तुलित करती हैं; दूसरे शब्दों में यह तो एक व्यवस्था है जो बहुत सारे कारकों से अन्त:सम्बन्धित है; सामाजिक सीमाओं में अनेक उप-व्यवस्थाएं एवम् अनेक कारक प्रभावी होते हैं जिनसे समाज को गति मिलती है।

आपराधिक न्यायिक व्यवस्था उस सामाजिक, आर्थिक, धार्मिक, सांस्कृतिक, राजनीतिक एवम् विकासशील परिवेश में सक्रिय होती है जिसमें कोई भी समुदाय या समाज निवास करता है। यदि सीमित कानून उल्लंघन की प्रकृति निर्गत है और समाज में अपराधों की कमी की आगत है तो आपराधिक न्यायिक व्यवस्था के चार मुख्य कारक पुलिस, बार, बैन्च और कारागार की सक्रियता और प्रभावशीलता ही आपराधिक न्याय की सफलता को गति प्रदान करती है।

**रेखाचित्र 2.1**

**प्रक्रिया**

चयनित कानून उल्लंघन आगत | पुलिस, न्यायिक वाद निस्तारण वैधता | निर्गत

आधारभूत

(असुरक्षा की न्यूनता) (आपराधिक न्यूनता)

निर्गत का अर्थ है उस प्रक्रिया का विश्लेषण जिसमें कोई व्यवस्था कार्यरत है अर्थात् आगत और निर्गत का सम्बन्ध प्रक्रिया के परिणामों से है। प्रो० एस० के० चतुर्वेदी का मानना है कि वृहद संरचना में अत्याधिक न्याय की उप-व्यवस्था जिसे न्यायिक व्यवस्था का आगत के रूप में जाना जाता है, उसकी पहचान अपराध की सामाजिक सफलता के रूप में होनी चाहिए। प्रजातान्त्रिक विश्व में सभी आपराधिक न्याय व्यवस्था चार पृथक लेकिन संगठित भाग होते हैं, पुलिस, बार बैन्च और कारागार। प्रत्येक निकाय को विशिष्ट लक्ष्यों के साथ विशेष कार्य करने होते हैं, व्यावहारिक रूप में ये कार्य किसी भी रूप में एक-दूसरे से न तो स्वतन्त्र हैं न पृथक्। आपराधिक न्यायिक व्यवस्था में प्रत्येक निकाय या इकाई के द्वारा

किये गये कार्य की गुणवत्ता का प्रभाव दूसरी इकाई पर अवश्य पड़ता है। जैसे न्यायालय उन्हीं को तो सजा दे सकता है जिन्हें पुलिस गिरफ्तार करती है। किसी भी कार्य को उसी समय ठीक किया जा सकता है जिसे ठीक करने का आदेश या दायित्व न्यायालय ने किसी अन्य संस्था को सौंपा हो। कारागार में और कारागार के बाहर अपराधियों को सुधारने की प्रक्रिया इस बात पर बहुत निर्भर करती है कि पुलिस की क्या भूमिका है।

आपराधिक न्यायिक व्यवस्था के जिन प्रमुख कारकों का उल्लेख शोधार्थी ने पूर्व में किया है उनका क्रमबद्ध संक्षेप में वर्णन निम्नवत् है :

1. ***पुलिस*** : आपराधिक न्यायिक व्यवस्था की उप-व्यवस्था में पुलिस का प्रमुख कार्य कानून का क्रियान्वयन, शान्ति व्यवस्था का स्थापन, अपराधों का अन्वेषण, अपराधियों का निरुधिकरण है। यदि कानून का उल्लंघन हुआ तो उल्लंघन करने वाले को गिरफ्तार करना, कानून की अदालत में उनके चालान का प्रस्तुतीकरण, गवाहों और गवाही की पूर्ण तैयारी और अन्त में अपराधी को सजा दिलवाना समय समाज में पुलिस की यही सार्थक और सकारात्मक भूमिका है।

2. ***अधिवक्ता एवं न्यायाधीश*** : आपराधिक न्यायिक व्यवस्था का मिरू इस संस्था का मूल्य कार्य सत्य की रक्षा करना है, एवम् सत्य के उस विचार की सांस्वता को बनाये रखना है जो सभी पन्थ, धर्म और विचारधाराओं की संर्कीण सत्ता से ऊपर है। न्यायिक व्यवस्था में वकीलों के संगठन बार की भूमिका संरचनात्मक ढांचा प्रदान करने की है। कानून के विशेषज्ञ मुकद्दमे की पैरवी करते हैं और वादी और प्रतिवादी के पक्ष में तर्क रखते हैं। अधिवक्ता जिन तर्कों को प्रस्तुत करते हैं वे न्यायिक निर्णयों के लिए आदर्श बन जाते हैं और उनके शब्द कभी-कभी कानून भी बन जाते हैं। शोधार्थी का मानना है कि अधिवक्ताओं को अपने विषय में विशेषज्ञ होने के अतिरिक्त पूर्वाग्रह से मुक्त निष्पक्ष और स्वतन्त्र होना चाहिए और बहस करते समय उनके मन में यह विचार नहीं आना चाहिए कि उनका मुअकिल निर्धन है या धनवान, उसने फीस कम दी है या अधिक, शोधार्थी का यह भी मत है कि सन्देह के आधार पर किसी को भी अपराधी मानना अनुचित है लेकिन यदि अपराध प्रमाणित हो जाए तो व्यक्ति बड़ा हो या छोटा उसे सजा मिलनी चाहिए। यहां शोधार्थी उस विवाद का उल्लेख करना चाहेगा जिसमें दिये गये निर्णय ने भारतीय

राजनीति की धारा को ही मोड़ दिया था, इलाहाबाद उच्च न्यायालय ने 1975 में तत्कालीन प्रधानमंत्री श्रीमती इन्दिरा गांधी को भ्रष्टाचार का दोषी मानते हुए रायबरेली से हुए उनके निर्वाचन को अवैध घोषित कर दिया।

पूर्वाग्रह से मुक्त वकीलों की उपस्थिति और स्वतन्त्र न्यायाधीशों की बैंच का अस्तित्व आपराधिक न्यायिक व्यवस्था की नींव है। दोनों के मध्य सम्बन्ध अन्त:निर्भरता का है और सामूहिक साझेदारी में दोनों एक दूसरे के पूरक हैं। यह सही है कि वकीलों को इस बात की स्वतन्त्रता होनी चाहिए कि वे अपनी इच्छा से किसी मुकदमे को लड़े लेकिन उनसे यह अपेक्षा भी की जाती है कि वे न्यायालयों को गलत तथ्यों के आधार पर भंवर में नहीं डालेंगे और व्यक्ति स्वार्थ में किसी प्रकार का द्वन्द्व पैदा नहीं होने देंगे, शोधार्थी ने अपने इस शोध की प्रस्तुति में यह भी पाया कि कभी-कभी जनहित की याचिकाओं में निर्धन लोगों की पैरवी ख्यातिप्राप्त अधिवक्ताओं ने की और पीड़ितों को न्याय दिलाया जैसे बिहार में जेल में बन्द विचाराधीन कैदियों की आँख फोड़े जाने का मामला जनहित की याचिकाओं के माध्यम से सामने आया।[1]

शोधार्थी का मत है कि न्यायिक व्यवस्था और उसके माध्यम से वकीलों की भूमिका एक आदर्श समाज के निर्माण की है, इसलिए किसी भी मुकदमे को लेते समय वकीलों के सामने विवाद की गुणवत्ता सामने होनी चाहिए। उसके द्वारा किये गये किसी भी कृत्य से पैदा हुए किसी भी प[illegible]े वकील को प्रभावित नहीं होना चाहिए जैसे श्रीमती इन्दिरा गांधी के हत्यारों में दो को फांसी लग जाने के बाद भी कारागार में बन्द केहर सिंह का मुकदमा श्री रामजेठ मलानी ने लड़ा और कानूनी तर्कों और परिस्थितियों के साक्ष्यों के आधार पर उसको निर्दोष सिद्ध करवाकर उसे कारागार से रिहा करवा दिया।[2] व्यावसायिक नैतिकता की मांग है कि किसी भी मुकदमे को ग्रहण करते समय वकील को अपने किसी भी विचार विश्वास या पूर्वाग्रह से युक्त नहीं होना चाहिए अपितु उसके सामने यह विचार होना चाहिए कि उसके मुअकिल की क्या आवश्यकता है तथा अधिवक्ता को स्वतन्त्र एवम् भयमुक्त होकर बैन्च के समाने ऐसे तर्कों की प्रस्तुति करनी चाहिए जिससे यह स्पष्ट हो जाए कि न्यायालय से कुछ छिपाया नहीं जा रहा है या न्यायालय को धोखे में नहीं रखा जा रहा।

---

1. नवभारत टाइम्स, नई दिल्ली, 8 अगस्त, 1988, पृष्ठ-4।
2. इण्डियन ग्रुप, न्यू देहली, 13 अक्तूबर, 1994।

4. ***कारागार :*** आपराधिक न्यायिक व्यवस्था की अन्तिम उप-व्यवस्था कारागार में अपराधियों को समाज से अलग अस्थाई रूप से रखा जाता है, कोई भी समाज अपराध मुक्त नहीं हो सकता तथा समाज का चाहे कोई भी स्वरूप हो अपराधी अवश्य पाये जाते हैं समाज में हिंसात्मक, घृणात्मक, द्वेषात्मक, उत्तेजनात्मक परिस्थितियां पैदा करने वाले अपराधियों को कारागार में लाया जाता है और सजा पूरी होने के बाद उन्हें समाज की मुख्य धारा में शामिल होने के लिए मुक्त कर दिया जाता है। हर्से उल्मर बारनैस तथा एनकेट्टिस ने अपनी पुस्तक 'न्यू होरिजिन्स इन क्रिमनोलोजी' में लिखा है 'प्रत्यक्षतः कारागार सामाजिक व्यवस्था विक्रतम रूप का प्रतिनिधित्व करते हैं। मध्यकाल में कारागार आदि के अत्याचारों तथा प्रतिशोधात्मक घृणा के प्रयाय थे।' शोधार्थी ने अपने शोध के समय यह भी पाया कि लगभग 70 वर्ष पूर्व हिटलर द्वारा यहुद्दियों के लिए बनाये गये यातना शिविर तथा अंग्रेजों के द्वारा भारतीय स्वाधीनता सेनानियों को काले पानी के रूप में दी गई सजा के रूप में अण्डेमान निकोबार भेजा जाना तथा द्वितीय विश्व युद्ध के बाद भी रूस में सौलत्सय जिन्स तथा सखारो जैसे नोबेल पुरस्कार जैसे विजेताओं को साइब्रेरिया के जंगलों में त्रिवासित किया जाना, प्रतिशोधात्मक दण्ड के नग्न उदाहरण हैं।

लेकिन आधुनिक समय में कारागार में अपराधियों को दण्ड के साथ-साथ उन्हें सुधारने उनकी मनोवृत्ति को ठीक करने और सजा के बाद पुनर्वास के साधन जुटाने का भी प्रयास किया जाता है क्योंकि केवल आत्मक से ही सुधार सम्भव नहीं इसलिए डोनाल्ट क्लेमर का मत है कि कारागार तो वास्तव में ऐसे विद्यालय हैं जहां कारागार प्रबन्धन के साथ-साथ मानसिक घर के प्रबन्ध की सुविधाएं भी जुटाई जाती हैं क्योंकि अपराधी के साथ सहानुभूति भी होनी चाहिए। शोधार्थी का भी यह निष्कर्ष है कि कोई भी व्यक्ति जन्म से अपराधी नहीं होता किन्हीं विशेष परिस्थितियों के कारण वह अपराध करने के लिए विवश होता है अतः अपराधी को अपराध के दण्ड के साथ-साथ ऐसा विश्वास दिलाना भी आवश्यक है कि जब वह कारागार से मुक्त होकर समाज की मुख्य धारा में शामिल होगा तो वे परिस्थितियां पुनः उसके सामने नहीं आएगीं, जिन्होंने उसे अपराधी बनने के लिए विवश/प्रेरित किया था।

## भारत वर्ष में आपराधिक न्यायिक व्यवस्था

भारत वर्ष में आपराधिक न्यायिक व्यवस्था विशेष आपराधिक अधिनियम और भारतीय संविधान के अनुसार संचालित होती है। आपराधिक कानूनों का निर्माण

संसद के द्वारा किया जाता है और उन कानूनों का जिस पुस्तक में संहिताकरण किया गया है उसे इण्डियन पैनल कोड (आई॰पी॰सी॰) के नाम से जाना जाता है। उच्च न्यायालय तथा उच्चतम न्यायालय इन कानूनों की व्यवस्था करते हैं। भारत वर्ष में जो आपराधिक कानून प्रचलित हैं उसके चार भाग हैं :

1. द पैनल लॉ
2. क्रिमिनल प्रोसीजर कोड
3. एवीडेन्स एक्ट एण्ड देयर इन्टरप्रीटेशन
4. न्यायालयों एवं न्यायाधीशों के द्वारा एंग्लोसेक्शन काल के आपराधिक कानूनों से सम्बन्धी वर्तमान व्यवस्था का मूल्यांकन।

भारतीय आपराधिक न्यायिक व्यवस्था मूलतः इंग्लैण्ड की वैधानिक व्यवस्था से प्रभावित है और स्वाधीनता के पश्चात् आज तक इसमें आंशिक परिवर्तन ही हुआ है और शोधार्थी इन परिवर्तनों को मात्र संशोधन के रूप में स्वीकार करता है।

किसी भी प्रजातान्त्रिक समाज के लिए यह आवश्यक है कि कानून तोड़ने वालों को कानून द्वारा स्थापित प्रक्रिया के द्वारा ही दण्ड मिले। शोधार्थी ने अपने शोध के समय यह पाया कि आपराधिव का कोई न कोई उद्देश्य अवश्य होना चाहिए। वे उद्देश्य संक्षेप में निम्न हैं .

1. ***अपराधों के प्रति घृणा*** – नागरिकों में ऐसा वातावरण पैदा करना जिससे नागरिकों को अपराध के प्रति ही घृणा हो जाए।
2. ***आपराधिक पर्यावरण पर रोक*** – ऐसी परिस्थिति पैदा करना जिससे अपराधी पुनः उस अपराध को न करें।
3. अपराध।
4. ***भय पैदा करना*** – इतना अधिक कठोर दण्ड देना कि अपराधी की रूह भी कांपने लगे।
5. ***सुधारात्मक*** – अपराधियों को सुधारने के लिए प्रेरित करना।

भारत के विधि आयोग ने अपनी 47वीं रिपोर्ट में कहा, यदि सजा के अनेक कारक और तत्व होते हैं जैसे अपराध की प्रकृति, परिस्थितियां, पूर्व आपराधिक रिकॉर्ड, अपराधियों की आयु, अपराधी की व्यवसायिक एवं सामाजिक परिस्थितियां, शिक्षा, पारिवारिक जीवन, सामाजिक अनुकूलन के सन्दर्भ में अपराधियों की पृष्ठभूमि, उपलब्धि की भावात्मक परिस्थितियां, अपराधी के पुनःवास की संभावनाएं,

अपराधियों के मानसिक इलाज और परीक्षण विशेष की सम्भावनाएं समुदाय के सामान्य जीवन में अपराधी के लौटने की परिस्थितियां आदि। उस रिपोर्ट में यह भी कहा गया कि सजा का यह उद्देश्य भी होना चाहिए कि सजा काटने के बाद अपराधी का गरिमाकरण अथवा महिमामण्डन न हो।

भारत में जो आपराधिक न्याय व्यवस्था प्रचलित है वह बहुत जटिल है वैसे तो वह ऊपर से एकत्रित दिखाई देती है लेकिन उसके स्रोत अनेक हैं, जैसे विभिन्न सामाजिक संस्थाएं, व्यवस्थापिकाएं, विभिन्न वैचारिक मान्यताएं, न्यायिक निर्णय, न्यायिक संशोधन, न्यायिक पुनः अवलोकन, धार्मिक आस्थाएं, संसद एवं व्यवस्थापिकाएं आदि। शोधार्थी ने अपने शोध में यह पाया कि सम्पूर्ण भारत में भले ही एक प्रकार का कानून हो लेकिन अपराधियों को सजा दिलवाने में अभिनव प्रयोग के नूतन क्षितिजों की तलाश सदैव रहती है। चम्बल घाटी के प्रसिद्ध कुख्यात डकैतों को गिरफ्तार करने के स्थान पर विनोबा भावे, जयप्रकाश नारायण तथा प्रकाश चन्द सेठी के समक्ष आत्म-समर्पण करा देना तथा कारागार में सिक्चों में बन्द करने के स्थान पर उनके लिए खुली जेल का निर्माण करना यह निश्चित ही आपराधिक न्यायिक व्यवस्था का अभिनव प्रयोग है।

संक्षेप में, भारत में आपराधिक न्यायिक व्यवस्था को अधोलिखित चार्ट के माध्यम से भली-भांति समझा जा सकता है।

**रेखाचित्र 2.2**
**स्ट्रक्चर ऑफ क्रिमिनल जस्टिस इन इण्डिया**

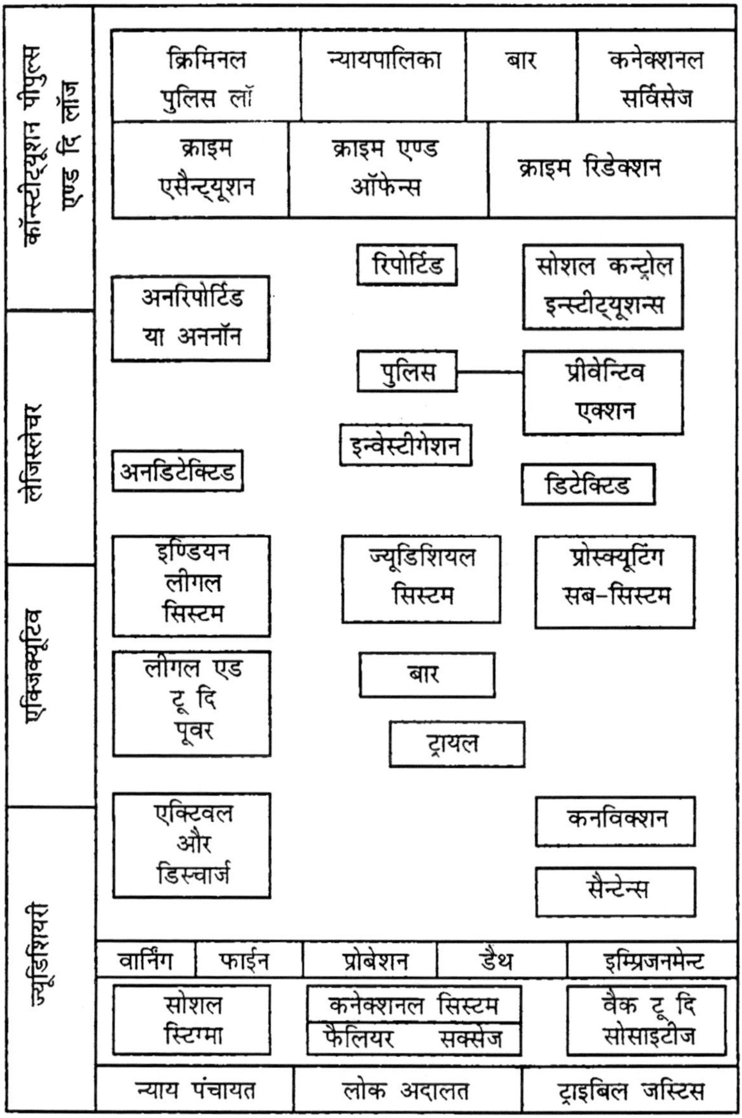

# 3

# पुलिस संगठन : संरचनात्मक एवं कार्यात्मक क्षमता

## पुलिस बल का संगठन

पुलिस सरकार की एक निश्चित उद्देश्य के अन्तर्गत गठित शाखा का प्रतिनिधित्व करती है। पुलिस अपने गठन के उद्देश्य की परिपूर्ति केवल निश्चित उद्देश्य एवं दिशा पर आधारित रहकर ही कर सकती है। इसके लिये आवश्यक है कि उत्तर प्रदेश के पुलिस संगठनिक व्यवस्था का अध्ययन किया जाये।

सम्पूर्ण उत्तर प्रदेश के भौगोलिक क्षेत्रों को इस आधार पर बांटा गया है कि प्रदेश का प्रशासनिक दृष्टि से विभाजन हो सके जो कि इस प्रकार है–विभिन्न परिक्षेत्रों को क्षेत्रों (रेंज) में, क्षेत्रों को जिलों, जिलों को सर्किल में, सर्किल को पुलिस स्टेशनों में और पुलिस स्टेशन को पुलिस चौकियों में विभाजित किया गया है। इस वर्गीकरण का मुख्य उद्देश्य पुलिस अधिकारियों के उचित स्तरीकरण का है ताकि पुलिस संगठन हेतु एवं उसके एक अंग के रूप में प्रत्येक का उत्तरदायित्व एवं अधिकार सुनिश्चित किया जा सके। इसे रेखाचित्र 3.1 में दर्शाया गया है:

**रेखाचित्र 3.1**

उत्तर प्रदेश
|
सेक्टर (उपक्षेत्र)
|
रेंज (क्षेत्र)
|
डिस्ट्रिक्ट (जनपद)
|

सर्किल (वृत्त)
|
पुलिस स्टेशन (थाना)
|
आउट पोस्ट (चौकी)

उत्तर प्रदेश को मुख्यतः तीन परिक्षत्रों में विभाजित किया गया है। यथा – आगरा, मुरादाबाद तथा फैजाबाद। आगरा परिक्षेत्र तीन क्षेत्रों में यथा – आगरा, कानपुर, झांसी। मुरादाबाद परिक्षेत्र तीन क्षेत्रों में यथा - मुरादाबाद, मेरठ, बरेली। फैजाबाद परिक्षेत्र चार क्षेत्रों में यथा - फैजाबाद, लखनऊ, गोरखपुर तथा वाराणसी में विभाजित है। यह रेखाचित्र 3.2 से स्पष्ट हो जाता है।

**रेखाचित्र 3.2**

**उत्तर प्रदेश**

| | आगरा | | फैजाबाद | | मुरादाबाद |
|---|---|---|---|---|---|
| रेंज (क्षेत्र) | आगरा<br>कानपुर<br>झांसी | रेंज (क्षेत्र) | लखनऊ<br>फैजाबाद<br>गोरखपुर<br>वाराणसी | रेंज (क्षेत्र) | मेरठ<br>मुरादाबाद<br>बरेली |

उत्तर प्रदेश में पुलिस का सर्वोच्च पद पुलिस महानिदेशक का है (डायरेक्टर जनरल ऑफ पुलिस)। इसका प्रमुख कार्य पुलिस बल को प्रभावशाली एवं कुशल कार्य प्रणाली हेतु दिशा-निर्देश एवं नई तकनीक प्रदान करना है। महानिदेशक के पद के बाद पुलिस महानिरीक्षक का पद होता है (इन्स्पेक्टर जनरल ऑफ पुलिस) जो वास्तविक शक्तियों का निर्वहन करता है। पुलिस की विभिन्न शाखाओं यथा - गुप्तचर, प्रशिक्षण एवं प्रान्तीय सशस्त्र वाहिनी (पी॰ए॰सी॰) हेतु अलग-अलग पुलिस महानिरीक्षक की नियुक्ति की जाती है। प्रत्येक परिक्षेत्र में एक अतिरिक्त पुलिस महानिरीक्षक का पद सृजित है जो उक्त परिक्षेत्र हेतु दिशा निर्देशन एवं निरीक्षण का अध्यक्ष होता है। प्रत्येक क्षेत्र का पुलिस संगठन निरीक्षण एवं नियंत्रण की दृष्टि से पुलिस उप-महानिरीक्षक (डिप्टी इन्स्पेक्टर जनरल ऑफ पुलिस) के अधीन होता है जो परिक्षेत्र के अतिरिक्त पुलिस महानिरीक्षक के अधीन काम करता है। प्रत्येक जिले में एक पुलिस अधीक्षक नियुक्त होता है (सुपरिन्टेण्डेन्ट ऑफ पुलिस)। कुछ जिलों में ज्येष्ठ पुलिस अधीक्षक (सीनियर सुपरिन्टेण्डेन्ट ऑफ पुलिस) के पद का भी सृजन किया गया है क्योंकि जिले की आवश्यकताओं

के अनुसार कई पुलिस अधीक्षक नियुक्त किये जाते हैं। ऐसी स्थिति में उस जिले के पुलिस संगठन अधीक्षक (डिप्टी सुपरिन्टेण्डेन्ट ऑफ पुलिस) के अधीन होता है। निरीक्षक (इंस्पेक्टर) एवं उप-निरीक्षक (सब-इंस्पेक्टर)विभिन्न पुलिस थानों के स्तर एवं उनमें नियुक्त पुलिसकर्मियों की संख्या के आधार पर नियुक्त किये जाते हैं। इसी प्रकार उप-निरीक्षक अथवा हैड कांस्टेबिल को पुलिस चौकियों का प्रभारी बनाया जाता है। उपर्युक्त स्तरीकरण रेखाचित्र 3.3 की सहायता से समझा जा सकता है–

**रेखाचित्र 3.3**

पुलिस महानिदेशक (डायरेक्टर जनरल ऑफ पुलिस)
|
अतिरिक्त पुलिस महानिदेशक (एडीशनल इंस्पेक्टर जनरल ऑफ पुलिस)
|
पुलिस उप-महानिरीक्षक (डिप्टी इंस्पेक्टर जनरल ऑफ पुलिस)
|
वरिष्ठ पुलिस अधीक्षक, पुलिस अधीक्षक (सीनियर सुपरिन्टेण्डेन्ट ऑफ पुलिस)
|
सहायक अतिरिक्त पुलिस अधीक्षक (सुपरिन्टेण्डेन्ट ऑफ पुलिस)
(असिस्टैण्ट अतिरिक्त पुलिस अधीक्षक)
|
उप-पुलिस अधीक्षक (डिप्टी सुपरिन्टेण्डेन्ट ऑफ पुलिस)
|
पुलिस निरीक्षक (पुलिस इन्स्पेक्टर)
|
पुलिस उप-निरीक्षक (सब-इन्स्पेक्टर)
|
हैड कान्स्टेबिल
|
कान्स्टेबिल
|
चौकीदार

उपर्युक्त विवरण से यह स्पष्ट होता है कि पुलिस महानिरीक्षक और अतिरिक्त पुलिस महानिरीक्षक तथा ज्येष्ठ पुलिस अधीक्षक के पद पुलिस प्रशासन हेतु सृजित किये गये हैं। यह स्तरीकरण बदलती हुई परिस्थितियों में पुलिस की बढ़ती हुई आवश्यकताओं के आधार पर किया गया है। इससे आजकल के दिन-प्रतिदिन के प्रशासन में पुलिस की बढ़ती हुई भूमिका का आभास भी मिलता है। इस

स्तरीकरण का एक अन्य उद्देश्य यह भी है कि पुलिस अधिकारियों को ऊँचे वेतनमान एवं स्तर प्रदान कर उन्हें सन्तुष्ट रखा जाये।

## पुलिस की अन्य शाखाएं

बढ़ती हुई एवं परिवर्तित आवश्यकताओं को दृष्टि में रखकर अनेक शाखाओं का गठन किया गया है। इन्हें पुलिस विभाग की सहायक शाखाओं की संज्ञा दी जा सकती है, जो मुख्य विभाग के सहायक विभाग के रूप में कार्य करते हैं। पुलिस संगठन की निम्नलिखित शाखाएं हैं–

(1) प्रान्तीय सशस्त्र वाहिनी (पी॰ए॰सी॰)

(2) आपराधिक गवेषणा विभाग (सी॰आई॰डी॰)

(3) गुप्तचर (इण्टेलीजेन्स)

(4) राजकीय रेलवे पुलिस (जी॰आर॰पी॰)

(5) पुलिस रेडियो शाखा (वायरलेस)

(6) अग्नि शमन शाखा (फायर ब्रिगेड)

### (1) प्रान्तीय सशस्त्र वाहिनी ( पी॰ए॰सी॰ )

इस बल का प्रभारी एक स्वतंत्र पुलिस महानिरीक्षक होता है। इसकी सहायता हेतु उप-महानिरीक्षक नियुक्त किया जाता है। इसका मुख्यालय लखनऊ में स्थित है। उप-महानिरीक्षक के मुख्यालय कानपुर, मुरादाबाद, वाराणसी तथा लखनऊ में स्थित हैं। उप-महानिदेशक के अधीन कमाण्डेन्ट होते हैं (इनका स्तर पुलिस अधीक्षक तथा ज्येष्ठ पुलिस अधीक्षक के समकक्ष होता है) जिनकी सहायता हेतु कम्पनी कमाण्डर (पुलिस उप-अधीक्षक के समकक्ष) होते हैं। इन पदों के पश्चात् प्लाटून कमाण्डर (निरीक्षक अथवा उप-निरीक्षक के समकक्ष) एवं हैड कांस्टेबिल तथा कांस्टेबिल की नियुक्ति की जाती है।

### (2) आपराधिक गवेषणात्मक विभाग ( सी॰आई॰डी॰ )

यह विभाग एक अतिरिक्त पुलिस महानिरीक्षक के नियंत्रण एवं निरीक्षण के अधीन होता है जो अपने कर्त्तव्य का निर्वहन पुलिस उप-महानिरीक्षक की सहायता से करता है। इस विभाग में निम्नलिखित उप-महानिरीक्षक होते हैं :

(क) उप-पुलिस महानिरीक्षक : (आर्थिक इकाई)

(ख) उप-पुलिस महानिरीक्षक : (सहकारी इकाई)

(ग) उप-पुलिस महानिरीक्षक : (खाद्य इकाई)

(घ) उप-पुलिस महानिरीक्षक : (भ्रष्टाचार विरोधी)

(ङ) उप-पुलिस महानिरीक्षक : (राज्य विद्युत परिषद् इकाई)

(च) उप-पुलिस महानिरीक्षक : (कम्प्यूटर इकाई)

इन उप-पुलिस महानिरीक्षको की सहायता हेतु पुलिस अधीक्षक तथा निरीक्षकों की नियुक्ति की जाती है। इस विभाग में कोई भी कांस्टेबिल तथा हैड कांस्टेबिल के पद नहीं होते हैं (आर्थिक इकाई के अतिरिक्त)। इसका मुख्यालय लखनऊ में स्थित है। इस विभाग के निरीक्षक सीधे पुलिस अधीक्षक (आपराधिक गवेषणा विभाग) के प्रति उत्तरदायी होते हैं न कि जिले के पुलिस अधीक्षक के प्रति।

**(3) गुप्तचर ( इण्टेलीजेन्स )**

यह विभाग एक पुलिस महानिरीक्षक के अधीन होता है एवं इसमें पदों का स्तरीकरण मुख्य विभाग की भांति होता है।

**(4) राजकीय रेलवे पुलिस ( जी॰आर॰पी॰ )**

पुलिस की इस शाखा की स्थापना सन् 1892 में की गयी थी। इसकी अध्यक्षता एक अतिरिक्त पुलिस महानिरीक्षक करता है। पूरा प्रदेश पांच खण्डों यथा - लखनऊ, इलाहाबाद, आगरा, गोरखपुर तथा मुरादाबाद में विभाजित किया गया है। प्रत्येक खण्ड एक पुलिस अधीक्षक के अधीन होता है। जिसकी सहायता हेतु उप-पुलिस अधीक्षक तथा निरीक्षक नियुक्त होते हैं। इन पदों के अधीन हैड कान्स्टेबिल तथा कान्स्टेबिल के पद आवश्यकतानुसार सृजित किये जाते हैं।

पुलिस रेडियो शाखा (वायरलेस) तथा अग्निशमन शाखा (फायर ब्रिगेड) उप-पुलिस महानिरीक्षक के निरीक्षण एवं नियंत्रण में होते है। इन शाखाओं में रेडियो एवं वायरलेस तथा अग्निशमन कार्यों में पारंगत एवं अनुभवयुक्त निरीक्षक कार्यों को कुशलतापूर्वक निर्वहन करने हेतु नियुक्त किये जाते हैं। इन शाखाओं में पदों का वर्गीकरण एवं स्तरीकरण लगभग समान होता है एवं उच्चाधिकारी आवश्यकतानुसार एक शाखा से दूसरी शाखा में स्थानान्तरित किये जा सकते हैं।

## आपराधिक गवेषणा हेतु सुविधाएं

फिंगर प्रिन्ट्स, बैलेस्टिक और हैण्डराइटिंग विशेषज्ञों की सेवाएं फोरन्सिक साइन्स प्रयोगशाला, लखनऊ में उपलब्ध है। रासायनिक विशलेषणात्मक परीक्षण की सुविधा आगरा में उपलब्ध है। फिंगर प्रिन्ट्स तथा फोटोनिट प्रत्येक जिला मुख्यालय में स्थापित है। आपराधिक गवेषणा विभाग का कुत्ता दल (डॉग स्कवायड) वर्तमान में ग्वाल शहरों तथा अन्य महत्वपूर्ण जनपदों में उपलब्ध है।

## भर्ती तथा प्रशिक्षण

पुलिस विभाग विभिन्न स्तरों पर कार्यरत पुलिसकर्मियों का एक विशाल संगठन है। इस संगठन में प्रवेश हेतु उम्मीदवार को प्रतियोगात्मक परीक्षाएं, व्यक्तिगत साक्षात्कार एवं शारीरिक दक्षता से गुजर कर विभिन्न स्तरों पर नियुक्ति प्राप्त होती है। पुलिसकर्मियों के दो मुख्य वर्ग हैं यथा - केन्द्रीय व प्रादेशिक। वर्ग को पुन: दो अन्य उपवर्गों राजपत्रित एवं अराजपत्रित में विभाजित किया गया है।

पुलिस उच्चाधिकारियों की भर्ती इस सेवा में अन्य सिविल सेवाओं के साथ-साथ संघ लोक सेवा आयोग के माध्यम से की जाती है। प्रादेशिक पुलिस अधिकारियों की भर्ती प्रदेश की अन्य प्रशासनिक सेवाओं के साथ-साथ राज्य लोक सेवा आयोग के माध्यम से होती है। निचले स्तर पर अधिकारियों की नियुक्ति पुलिस विभाग द्वारा एक निश्चित नियमावली के अन्तर्गत की जाती है। उपर्युक्त सभी प्रक्रियाओं का मुख्य उद्देश्य ऐसे व्यक्तियों को चयनित करना है जो इस विभाग में अपने कर्त्तव्यों का निर्वहन कुशलतापूर्वक करने में समर्थ हो। विभिन्न स्तरों पर भर्ती एवं चयन की प्रक्रिया संक्षिप्त रूप में निम्न प्रकार है।

### (1) भारतीय पुलिस सेवा

भारतीय पुलिस सेवा में अधिकारियों की भर्ती अन्य सिविल सेवाओं के साथ-साथ इस हेतु आयोजित संयुक्त प्रतियोगात्मक परीक्षा जिसका संचालन एवं नियंत्रण संघ लोक सेवा आयोग द्वारा प्रत्येक वर्ष विभिन्न पदों हेतु किया जाता है, के माध्यम से की जाती है।

**परीक्षा की योजना**–उपर्युक्त लिखित सेवा परीक्षा क्रमश: दो स्तरों में पूर्ण की जाती है। प्रथम, सिविल सेवा प्रारम्भिक परीक्षाएं (वस्तुनिष्ठ)। इस परीक्षा का उद्देश्य इस सेवा के उम्मीदवारों की बड़ी संख्या में से मुख्य परीक्षा हेतु योग्यतम उम्मीदवारों को छांटना है। द्वितीय, सिविल सेवा मुख्य परीक्षा (निबन्धात्मक)। इस परीक्षा का उद्देश्य विभिन्न सेवाओं एवं पदों हेतु उम्मीदवारों का चयन करना है। उक्त परीक्षाओं में उत्तीर्ण परीक्षार्थी को विशेषज्ञों से युक्त साक्षात्कार बोर्ड के सम्मुख प्रस्तुत होना पड़ता है।

**पात्रता**–इस सेवा हेतु उम्मीदवार को भारत का नागरिक होना अनिवार्य है।

#### *(अ) आयु-सीमा*

(1) परीक्षा के संगत वर्ष में पहली अगस्त को प्रत्येक उम्मीदवार के लिये अनिवार्य है कि वह 21 वर्ष की आयु प्राप्त कर चुका हो तथा उसकी आयु 28 वर्ष से अधिक न हो।

(2) इस परीक्षा में निर्धारित अधिकतम आयु-सीमा में अनुसूचित जाति एवं अनुसूचित जनजाति हेतु पांच वर्षों की छूट का प्रावधान है।

### *(ब) शैक्षिक योग्यता*

इस परीक्षा के उम्मीदवार हेतु किसी भी मान्यताप्राप्त विश्वविद्यालय से स्नातक की डिग्री प्राप्त करना तथा संसद द्वारा पारित अध्यादेश के अन्तर्गत स्थापित किसी अन्य शैक्षिक संस्था की तथा विश्वविद्यालय अनुदान आयोग अधिनियम, 1956 के अधीन घोषित विश्वविद्यालय स्तर की संस्था से समकक्ष परीक्षा उत्तीर्ण करना अनिवार्य है। प्रत्येक उम्मीदवार को इस परीक्षा हेतु चार अवसर प्राप्त होते हैं।

### *(स) शारीरिक मानदण्ड*

| | *लम्बाई* | *सीने की चौड़ाई बिना फुलाये हुए* | *फुलाव* |
|---|---|---|---|
| पुरुषों के लिए | 165 से॰मी॰ | 84 से॰मी॰ | 5 से॰मी॰ |
| महिलाओं के लिए | 150 से॰मी॰ | 84 से॰मी॰ | 5 से॰मी॰ |

### (2) प्रादेशिक पुलिस सेवाएं

प्रादेशिक पुलिस अधिकारी उत्तर प्रदेश लोक सेवा आयोग द्वारा प्रत्येक वर्ष आयोजित प्रादेशिक सिविल सेवा परीक्षा के माध्यम से चयनित किये जाते हैं। लिखित परीक्षा के उत्तीर्ण उम्मीदवार को साक्षात्कार के उपरान्त इस सेवा में स्थान प्रदान किया जाता है।

### *(अ) पात्रता*

प्रत्येक उम्मीदवार भारत का नागरिक हो तथा उसकी आयु परीक्षा संगत वर्ष की 1 जनवरी को 21 वर्ष से कम न हो तथा 28 वर्ष से अधिक न हो। उम्मीदवार का मान्यताप्राप्त विश्वविद्यालय से स्नातक की डिग्री से युक्त होना अनिवार्य है।

### *(ब) शारीरिक मानदण्ड*

| | *लम्बाई* | *सीने की चौड़ाई बिना फुलाये हुए* | *फुलाव* |
|---|---|---|---|
| पुरुषों के लिए | 165 से॰मी॰ | 84 से॰मी॰ | 5 से॰मी॰ |
| पुरुष (पर्वतीय क्षेत्र) | 160 से॰मी॰ | 84 से॰मी॰ | 5 से॰मी॰ |
| महिलाओं के लिए | 150 से॰मी॰ | 79 से॰मी॰ | 5 से॰मी॰ |

### (3) पुलिस उप-निरीक्षक की भर्ती

उत्तर प्रदेश पुलिस विभाग प्रशिक्षु उप-निरीक्षकों की भर्ती हेतु एक प्रतियोगात्मक परीक्षा का आयोजन करता है। लिखित परीक्षा से पूर्व शारीरिक एवं चिकित्सकीय परीक्षा ली जाती है। लिखित परीक्षा के उपरान्त साक्षात्कार का प्रावधान है।

#### *(अ) पात्रता*

एक तिथि को प्रत्येक उम्मीदवार के लिये यह अनिवार्य है कि उसकी आयु 20 वर्ष से कम एवं 25 वर्ष से अधिक न हो। अधिकतम आयु सीमा में स्नातकोत्तर डिग्री अथवा कानून की डिग्री युक्त उम्मीदवारों हेतु 2 वर्षों की छूट का प्रावधान है।

#### *(ब) शैक्षिक योग्यताएं*

(1) उम्मीदवारों का किसी भी मान्यताप्राप्त विश्वविद्यालय से स्नातक की डिग्री प्राप्त करना अनिवार्य है।

(2) सुरक्षा सेवाओं से अवकाशप्राप्त उम्मीदवारों के लिए शैक्षिक योग्यता इण्टरमीडिएट है।

(3) साक्षात्कार के समय आपराधिक विज्ञान में डिग्री अथवा डिप्लोमा प्राप्त उम्मीदवारों को वरीयता प्राप्त होगी।

#### *(स) शारीरिक मानदण्ड*

*निम्नतम ऊंचाई (पुरुष)*

| | |
|---|---|
| पर्वतीय क्षेत्र | 162.60 से॰मी॰ |
| अनुसूचित जनजाति | 160.00 से॰मी॰ |
| सामान्य उम्मीदवार | 167.00 से॰मी॰ |

*निम्नतम ऊंचाई (महिला)*

| | |
|---|---|
| पर्वतीय क्षेत्र व अनुसूचित जनजाति | 147.00 से॰मी॰ |
| सामान्य उम्मीदवार | 152.00 से॰मी॰ |

| *सीना* (केवल पुरुषों के लिए) | बिना फुलाये | फुलाकर |
|---|---|---|
| पर्वतीय एवं अनुसूचित जनजाति | 76.5 से॰मी॰ | 78.8 से॰मी॰ |
| सामान्य | 81.5 से॰मी॰ | 83.8 से॰मी॰ |

(कम से कम 5 से॰मी॰ फूलना चाहिये)।

*वजन* (केवल महिलाओं के लिये)

महिला उम्मीदवारों का वजन 45 के॰जी॰ से कम नहीं होना चाहिये।

उम्मीदवार भारत का नागरिक होना चाहिये।

***पात्रता में छूट***—शारीरिक मानदण्डों में किसी प्रकार की छूट का प्रावधान नहीं है। खिलाड़ियों, एन॰सी॰सी॰ कैडिटों तथा अनुसूचित जाति एवं जनजाति हेतु अधिकतम आयु सीमा में 5 वर्ष की छूट का प्रावधान है।

40 प्रतिशत उप-निरीक्षकों का चयन नये उम्मीदवारों में से किया जाता है एवं शेष 60 प्रतिशत का चयन सेवा में निम्न पदों पर कार्यरत पुलिसकर्मियों में से किया जाता है। सेवा में पहले से कार्यरत व्यक्तियों के लिये उक्त प्रतियोगिता में सम्मिलित होना आवश्यक है।

### (4) कांस्टेबिलों का चयन

पुलिस अधीक्षक की आज्ञा एवं निर्देश से कांस्टेबिलों की भर्ती जिला मुख्यालयों पर की जाती है। उम्मीदवार लिखित परीक्षा, शारीरिक परीक्षा एवं चिकित्सकीय परीक्षा के आधार पर चयनित किये जाते हैं। कभी-कभी उम्मीदवारों का साक्षात्कार पुलिस अधीक्षक द्वारा व्यक्तिगत रूप से किया जाता है।

#### *(अ) पात्रता*

यह अनिवार्य है कि उम्मीदवार की आयु 18 वर्ष से कम तथा अधिकतम 20 वर्ष हो। अधिकतम आयु सीमा में अनुसूचित जाति एवं जनजाति हेतु 5 वर्ष की छूट का प्रावधान है। इसके अतिरिक्त उम्मीदवार का हाई स्कूल परीक्षा उत्तीर्ण करना आवश्यक है।

#### *(ब) शारीरिक मानदण्ड*

| | *लम्बाई* | *सीना (बिना फुलाये)* | *फुलाकर* |
|---|---|---|---|
| पुरुष | 156 से॰मी॰ | 78 से॰मी॰ | 5 से॰मी॰ |
| महिला | 152 से॰मी॰ | – | – |
| वजन | 45 से 48 के॰जी॰। | | |

### (5) चौकीदार की नियुक्ति

ग्राम में चौकीदार की नियुक्ति सम्बन्धित थाना क्षेत्र के प्रभारी की संस्तुति एवं जिलाधीश की स्वीकृति से की जाती है। इस पद हेतु एकमात्र योग्यता यह है कि

वह उस गांव का निवासी हो तथा शारीरिक एवं चिकित्सकीय दृष्टि से योग्य हो। चौकीदार अपना वेतन क्षेत्र के पुलिस थाने से प्राप्त करता है।

सीमा सुरक्षा बल तथा प्रादेशिक शस्त्र वाहिनी (पी०ए०सी०) में भर्ती अलग से की जाती है।

## प्रशिक्षण

प्रत्येक पुलिस अधिकारी का प्रशिक्षण न केवल उसकी कार्य-कुशलता में वृद्धि हेतु बल्कि बदलती हुई परिस्थितियों के अनुसार उसके दृष्टिकोण को व्यापक बनाने हेतु पूर्णतया अनिवार्य रूप से आवश्यक है। पुलिस बल से जन-सेवा के साथ-साथ कानून एवं व्यवस्था की स्थिति पर नियंत्रण रखने की दृष्टि से भी प्रशिक्षण अनिवार्य हो जाता है।

## भारतीय पुलिस सेवा

भारतीय पुलिस सेवा में चयनित उम्मीदवारों को प्रशिक्षण हेतु सरदार वल्लभ भाई पटेल राष्ट्रीय अकादमी, हैदराबाद भेजा जाता है। इस अकादमी की स्थापना सर्वप्रथम सन् 1948 में माउण्ट आबू में की गयी थी। परन्तु कालान्तर में यह सन् 1975 में हैदराबाद स्थानान्तरित कर दी गयी। उक्त अकादमी का निदेशक उप-महानिरीक्षक के स्तर का होता है जिसकी सहायता हेतु दो उप-निदेशक तथा दस सहायक निदेशक नियुक्त होते हैं। इन अधिकारियों का स्तर पुलिस अधीक्षक के समकक्ष होता है। उपर्युक्त सहायक निदेशकों में एक आपराधिक विज्ञान का विशेषज्ञ, एक सेशन जज, एक चिकित्साधिकारी, एक प्रशासनिक अधिकारी एवं पांच राजपत्रित अधिकारी सम्मिलित होते हैं।

उक्त अकादमी में उम्मीदवारों को एक वर्ष का गहन प्रशिक्षण प्रदान किया जाता है। उनके अध्ययन हेतु विषयों में आपराधिक दण्ड संहिता (सी०आर०पी०सी०), भारतीय दण्ड संहिता (आई०पी०सी०), साक्ष्य अधिनियम (एवीडेन्स एक्ट), भारतीय संविधान तथा संगठन के विभिन्न पहलुओं का विस्तृत ज्ञान एवं प्रशासनिक विधाएं सम्मिलित होती हैं। इनके अतिरिक्त योग, पर्वतारोहण, अश्वारोहण, मार्शल आर्ट, व्यावहारिक विज्ञान आदि का भी प्रशिक्षण इन्हें प्रदान किया जाता है।

इन्हें शस्त्रों का व्यावहारिक ज्ञान देने हेतु विभिन्न सैनिक केन्द्रों में भी भेजा जाता है तथा भारत के विभिन्न स्थानों और गांवों में भी इनको ले जाया जाता है। समय-समय पर इस अकादमी में शिक्षाविदों, राजनीतिक नेताओं तथा वरिष्ठ पुलिस अधिकारियों का भी आयोजन किया जाता है। तत्कालीन परिस्थितियों पर प्रत्येक वर्ष सेमीनार का भी प्रबन्ध किया जाता है। उदाहरणस्वरूप 1979 में

'मानवीय अधिकारों की सुरक्षा', 1980 में 'पुलिस असन्तोष' तथा 1981 में 'पुलिस पत्रकारिता एवं जनता' जैसे कुछ ज्वलन्त प्रश्नों पर सेमीनारों का आयोजन किया गया था। किन्तु अब प्रत्येक प्रशिक्षण केन्द्रों में समय-समय पर ऐसे सेमीनारों का आयोजन होता रहता है जिनमें पुलिस की समस्याएं तथा जनसाधारण की समस्याएं रखी जाती हैं और उनके निदान के लिये सुझाव दिये जाते हैं।

एक वर्ष के इस प्रशिक्षण के उपरान्त उन्हें जिला मुख्यालयों के कार्यकारी एवं व्यावहारिक प्रशिक्षण के लिये भेजा जाता है। प्रत्येक प्रशिक्षु जिले के वरिष्ठ पुलिस अधिकारियों के निर्देशन में अधीनस्थ अधिकारी के रूप में अपने कर्त्तव्यों को निभाकर व्यावहारिक प्रशिक्षण प्राप्त करता है। इस प्रशिक्षण के उपरान्त उम्मीदवार को जनपद में सहायक पुलिस अधीक्षक के पद पर नियुक्त किया जाता है। प्रशिक्षण की अवधि के दौरान उन्हें पूरा वेतन दिया जाता है।

### उप-पुलिस अधीक्षक

प्रादेशिक लोक सेवा आयोग के माध्यम से चयनित उम्मीदवारों को सीतापुर, मुरादाबाद तथा गोरखपुर स्थित पुलिस प्रशिक्षण विद्यालयों में भेजा जाता है। सम्पूर्ण शिक्षण अवधि जिसमें उनके परीक्षण की अवधि भी सम्मिलित होती है, 14 मास की होती है। प्रशिक्षण अवधि में उन्हें वेतन एवं भत्ते प्राप्त होते हैं।

प्रशिक्षण शारीरिक एवं सैद्धान्तिक दोनों ही प्रकार का होता है, सैद्धान्तिक प्रशिक्षण में सामान्य ज्ञान, कानून, भारतीय दण्ड संहिता, आपराधिक दण्ड संहिता, साक्ष्य अधिनियम एवं मनोविज्ञान आदि विषयों से प्रशिक्षणु को परिचित कराया जाता है। इसके अतिरिक्त उन्हें शस्त्रास्त्रों के उपयोग आदि का व्यावहारिक प्रशिक्षण भी दिया जाता है। शारीरिक प्रशिक्षण के अन्तर्गत खेल, व्यायाम एवं अन्य गतिविधियों में उन्हें कुशल बनाया जाता है।

### उप-निरीक्षक

उप-निरीक्षक पद के चयनित उम्मीदवारों को गोरखपुर, सीतापुर व मुरादाबाद पुलिस प्रशिक्षण केन्द्रों में प्रशिक्षण दिया जाता है। यह प्रशिक्षण अवधि एक वर्ष की होती है जिसके पश्चात् उन्हें कार्य क्षेत्र में एक वर्ष की परीक्षण अवधि के रूप में नियुक्त कर प्रशिक्षण पूर्ण किया जाता है। पुलिस प्रशिक्षण केन्द्रों में प्रशिक्षण सैद्धान्तिक एवं शारीरिक दोनों ही रूप से प्रदान किया जाता है।

शारीरिक प्रशिक्षण में प्रशिक्षित हैड कान्स्टेबिल द्वारा उन्हें व्यायाम, खेलकूद एवं हथियारों के संचालन से परिचित कराया जाता है। सैद्धान्तिक प्रशिक्षण के

अन्तर्गत इन्हें मनोविज्ञान, आपराधिक विज्ञान, बालमनोविज्ञान एवं विकास, सामान्य ज्ञान, भारतीय दण्ड संहिता, आपराधिक दण्ड संहिता, साक्ष्य अधिनियम, तथा कतिपय प्रासंगिक अधिनियमों, उदाहरणस्वरूप आबकारी अधिनियम शस्त्रास्त्र अधिनियम, वेश्यावृत्ति अधिनियम, द्यूत-क्रीड़ा अधिनियम तथा मोटर कार अधिनियम इत्यादि विषयों से परिचित कराया जाता है। यह विषय उप-पुलिस अधीक्षक को प्राध्यापकों द्वारा को पढ़ाया जाता है। कानून विषयक क्षेत्रों का अध्यापन उप-पुलिस अधीक्षक एवं निरीक्षक के स्तर के अध्यापकों जिन्हें अभियोजन अधिकारी कहा जाता है, के द्वारा दिया जाता है।

प्रशिक्षण के दौरान त्रैमासिक एवं अर्द्धवार्षिक परीक्षाओं का प्रावधान है। वार्षिक परीक्षाएं बाह्य परीक्षकों के पैनल द्वारा संचालित की जाती हैं जो साधारण तथा उप-पुलिस अधीक्षक होते हैं। इन परीक्षाओं में जो उम्मीदवार संदिग्ध पाये जाते हैं उन्हें इस परीक्षा में पुनः भाग लेकर उत्तीर्ण होना पड़ता है।

**कार्यक्षेत्र में व्यावहारिक प्रशिक्षण**

पुलिस प्रशिक्षण विद्यालय के प्रशिक्षणोपरान्त उम्मीदवार को जिले के उन थानों में परीक्षण के तौर पर उप-निरीक्षक अथवा सहायक उप-निरीक्षक के पद पर नियुक्त किया जाता है जहां पर परीक्षण अवधि के उपरान्त उनके तैनात करने की संभावना होती है। परीक्षण अवधि में पुलिस की विभिन्न शाखाओं, शहरी एवं ग्राम्य दोनों स्तरों पर उन्हें दैन्यदिन प्रशिक्षण प्रदान किया जाता है। साधारणतया यह प्रशिक्षण तीन-चार माह का होता है। प्रादेशिक सशस्त्र वाहिनी में एक माह का प्रशिक्षण भी इन्हें दिया जाता है। इसके अतिरिक्त पुलिस कार्यालयों के लिपिकीय कार्य का एवं स्थानीय गुप्तचर इकाइयों से सम्बन्धित ज्ञान भी इन्हें दिया जाता है।

परीक्षण की इस अवधि में एक उप-पुलिस अधीक्षक को प्रत्येक क्षेत्र में प्रशिक्षणार्थियों को निर्देशित एवं निरीक्षित करने हेतु नियुक्त किया जाता है। उक्त उप-पुलिस निरीक्षक परीक्षणार्थियों का साक्षात्कार करके प्रशिक्षण पत्र पर अपनी टिप्पणी अंकित करता है। उक्त पत्र पर पुलिस अधीक्षक एवं सर्किल अधिकारी भी अपनी टिप्पणी अंकित करता है। उप-पुलिस अधीक्षक प्रशिक्षण काल की अवधि को बढ़ाने का अधिकार रखता है। अन्त में, उसे क्षेत्र के पुलिस उप-महानिरीक्षक एवं पुलिस महानिरीक्षक (प्रशिक्षण) प्रशिक्षणार्थियों का साक्षात्कार लेते हैं। प्रशिक्षण काल की अवधि के पूर्ण होने के उपरान्त सीधे तौर पर भरती, उप-निरीक्षकों को जनपदों में वितरित किया जाता है। उक्त निरीक्षकों का सेवा काल प्रशिक्षण अवधि के प्रारम्भिक दिन से आरम्भ माना जाता है। उप-निरीक्षकों

को प्रशिक्षण अवधि के दौरान भत्ता भी दिया जाता है, जबकि सेवा में पूर्व से सेवारत कर्मचारियों को उनके पूर्व वेतनमान के अनुसार वेतन दिया जाता है।

**कांस्टेबिल**

कांस्टेबिलों को भर्ती के बाद प्रशिक्षण केन्द्रों पर भेज दिया जाता है जो कि मुरादाबाद, सीतापुर तथा गोरखपुर में स्थित है। इनका प्रशिक्षण मुख्यतः शारीरिक व प्रयोगात्मक होता है। एक मास के जूनियर प्रशिक्षण पाठ्यक्रम द्वारा प्रशिक्षण देने के उपरान्त नौ मास का प्रशिक्षण इन्हें केन्द्रों पर प्रदान किया जाता है। प्रयोगात्मक प्रशिक्षण की अवधि केवल 6 मास होती है।

प्रशिक्षण काल के दौरान इन्हें भारतीय दण्ड संहिता, आपराधिक दण्ड संहिता, पुलिस अधिनियम एवं पुलिस नियमावली की साधारण जानकारी प्रदान की जाती है। शारीरिक प्रशिक्षण के अन्तर्गत खेलकूद व हथियारों के उपयोग से सम्बन्धित ज्ञान उन्हें दिया जाता है। यह प्रशिक्षण इन्हें वरिष्ठ प्रशिक्षित हैड कांस्टेबिल द्वारा दिया जाता है। समय-समय पर जिले के पुलिस अधिकारीगण इनका निरीक्षण करते रहते हैं। परीक्षण काल में इन्हें प्रयोगात्मक एवं व्यावहारिक तौर पर प्रशिक्षित किया जाता है। प्रशिक्षण पूरा करने के उपरान्त इन्हें विभिन्न पुलिस थानों में नियुक्त किया जाता है।

ग्राम्य चौकीदार को किसी प्रकार का प्रशिक्षण प्रदान नहीं किया जाता है। प्रत्येक पुलिसकर्मी के लिये प्रशिक्षण काल के अतिरिक्त सैद्धान्तिक एवं शारीरिक प्रशिक्षण अनिवार्य है। प्रशिक्षण काल के दौरान उन्हें कार्यक्षेत्र में कार्य से सम्बन्धित व्यावहारिक प्रशिक्षण प्रदान किया जाता है। भारतीय पुलिस सेवा एवं प्रादेशिक पुलिस सेवा में अधिकारियों को प्रशिक्षण काल के दौरान सम्पूर्ण वेतन और भत्ते देय होते हैं, जबकि उप-निरीक्षक तथा कांस्टेबिल को एक निश्चित दर से भत्ते ही प्राप्त होते हैं। यह अन्तर सेवाओं की दृष्टि से अनुचित एवं अन्यायपूर्ण है।

**प्रोन्नति**

भारतीय पुलिस सेवा के अधिकारियों को पुलिस अधीक्षक, ज्येष्ठ पुलिस अधीक्षक, पुलिस उप-महानिरीक्षक, अतिरिक्त पुलिस महानिरीक्षक, महानिरीक्षक और महानिदेशक के पदों पर शनैः-शनैः प्रोन्नति प्रदान की जाती है।

उप-पुलिस अधीक्षक को उपर्युक्त लिखित पदों पर प्रोन्नति प्रदान की जा सकती है परन्तु साधारणतया उन्हें पुलिस अधीक्षक से अधिक ऊंचे पद पर प्रोन्नति प्राप्त नहीं हो पाती है।

उप-निरीक्षक दस वर्ष के सेवा काल के उपरान्त निरीक्षक के पद हेतु नामित किये जाते हैं। यह निरीक्षक 6 अथवा 7 वर्ष की सेवापरान्त साक्षात्कार के माध्यम से पुलिस उपाधीक्षक के पदों पर प्रोन्नत होते हैं। उप-निरीक्षकों के 1 प्रतिशत से भी कम को पुलिस अधीक्षक के पद तक प्रोन्नति प्राप्त हो पाती है। आरक्षण की नीति भी इनके प्रोन्नति के मार्ग में एक बड़े अवरोधक के रूप में विद्यमान है।

'कांस्टेबिल को हैड कांस्टेबिल के पद तक प्रोन्नत किया जाता है परन्तु साधारणतया हैड कांस्टेबिल उप-निरीक्षक के पद पर प्रोन्नत नहीं किये जाते हैं।' हैड कांस्टेबिल को पुलिस उप-निरीक्षक के पद पर प्रोन्नति हेतु लिखित परीक्षा एवं साक्षात्कार की प्रक्रिया से गुजरना पड़ता है।

उपर्युक्त विवरण में यह स्पष्ट दृष्टिगोचर होता है कि उच्च अधिकारियों की प्रोन्नति के समुचित अवसर प्राप्त हैं, जबकि निचले स्तर के पुलिसकर्मियों के प्रोन्नति के अवसर सीमित एवं अपवादस्वरूप हैं। वास्तव में उच्चाधिकारियों को संतुष्ट करने हेतु विभिन्न शाखाओं एवं पदों का सृजन किया गया है, जबकि निचले स्तर पर ऐसे प्रयासों का अवसर मिलता है। यह स्थिति पुलिस विभाग के विभिन्न स्तरों में असंतोष एवं भेदभाव को बढ़ाने में सहायक है।

## पुलिसकर्मियों की समस्याएं

चूंकि पुलिस बल से आशा से अधिक अपेक्षा है अत: सरकार पुलिसकर्मियों को संतुष्टि हेतु व्यापक प्रबन्ध करने का प्रयास करती है।

यद्यपि एक आदर्श स्थिति का सृजन अत्यन्त कठिन है। परिणामस्वरूप कुछ न कुछ कमी अथवा अभाव रहना अवश्यंभावी है तथा पुलिस को दिन-प्रतिदिन के जीवन में अनेक समस्याओं का सामना करना पड़ता है। पुलिसकर्मियों के असंतोष एवं समस्याओं के निम्नलिखित मुख्य आधार हैं :

(1) अपर्याप्त वेतन व भत्ते,

(2) निवास की समुचित व्यवस्था का अभाव,

(3) भोजन एवं चिकित्सा की समुचित व्यवस्था का अभाव,

(4) पुलिसकर्मियों के बच्चों के शिक्षा-प्रबन्ध का अभाव,

(5) शीघ्र स्थानान्तरण,

(6) दीर्घ कार्य दिवस।

### (1) अपर्याप्त वेतन एवं भत्ते

निचले स्तर के पुलिसकर्मियों की एक मुख्य शिकायत उनकी ड्यूटी के अनुरूप देय वेतन एवं भत्तों के अपर्याप्त होने से सम्बन्धित है। इसकी उचित

विवचेना हेतु यह आवश्यक है कि उन्हें देय वेतनमान तथा अन्य भत्तों के बारे में विस्तृत जानकारी प्राप्त की जाये तो निम्नवत् है :

**आई॰पी॰एस॰ के वेतनमान :** (अतिरिक्त पुलिस अधीक्षक)

2200–75–2800–100–4000 रु॰.

**पुलिस अधीक्षक**

3000–100–3500–125–4500 रु॰.

**वरिष्ठ पुलिस अधीक्षक**

4500–150–5700 रु॰.

**उप-पुलिस अधीक्षक :** (कनिष्ठ)

2200–75–2800 ई॰बी॰ 100–4000 रु॰.

**उप-पुलिस अधीक्षक :** (वरिष्ठ)

3000–100–3500–125–4500 रु॰.

**निरीक्षक**

2200–60–2300 ई॰बी॰–75–3200 रु॰.

**उप-निरीक्षक**

1640–60–2600 ई॰बी॰–75–2900 रु॰.

**हैड कांस्टेबिल**

975–25–1150 ई॰बी॰–30–1640 रु॰.

**कांस्टेबिल**

650–20–1150–ई॰बी॰–25–1400 रु॰.

**चौकीदार**

चौकीदार को प्रति माह लगभग 320 रुपये वेतन के रूप में दिया जाता है।

**(2) निवास की समुचित व्यवस्था का अभाव**

पुलिस विभाग में पुलिसकर्मियों के लिये निवास का कोई समुचित प्रबन्ध नहीं है। विशेष रूप से निचले स्तर के कर्मचारियों के लिये आवास सुविधा का अभाव है, जबकि पुलिस के उच्चाधिकारियों के लिये लगभग सभी को आवासीय

सुविधाएं प्रदान की जाती हैं। यह उपर्युक्त तथ्य अनौचित्यपूर्ण है। यह भी पुलिस विभाग में असन्तोष का कारण हो सकता है। यदि पुलिसकर्मियों के निवास स्थानों का सर्वेक्षण किया जाये तो उनकी स्थिति का सत्यापित रूप प्रत्यक्ष रूप से स्पष्ट हो जाता है।

### (3) भोजन एवं चिकित्सा की समुचित व्यवस्था का अभाव

पुलिस थानों में भोजनालय, चिकित्सा और औषधि की सुविधा का पूर्ण अभाव है। पुलिस थानों में बैरक में रहने वाले पुलिस कांस्टेबिलों को अपना भोजन या तो स्वयं बनाना पड़ता है या उसे इस हेतु बाजार पर निर्भर होना पड़ता है। कुछ पुलिस चौकियां ऐसे ग्रामीण क्षेत्रों में स्थित हैं, जहां बाजार तथा दुकानें उपलब्ध नहीं हैं। बीमारी की अवस्था में पुलिसकर्मियों को सरकारी चिकित्सालय की शरण लेनी पड़ती है जो साधारणतया उसके कार्य स्थल से पांच दस किलोमीटर की दूरी पर अवस्थित होते हैं। उपर्युक्त परिस्थितियों में यह स्वाभाविक है कि जब पुलिसकर्मी को अपनी दैनिक आवश्यकताओं की पूर्ति हेतु संलग्न होना पड़ेगा तो वह अपने कर्त्तव्यों का सही रूप से निर्वहन नहीं कर सकेगा।

### (4) पुलिसकर्मियों के बच्चों की शिक्षा प्रबन्ध का अभाव

रक्षा सेवाओं में कार्यरत कर्मियों के समान पुलिसकर्मियों के बच्चों हेतु पृथक् स्कूलों की व्यवस्था का पूर्ण अभाव है। साधारणतया उन्हें उस क्षेत्र के स्कूल का अवलम्बन लेना पड़ता है जहां पर वह निवास कर रहे हों। कुछ ग्रामीण क्षेत्रों में स्कूलों का पूर्ण अभाव है। दूसरी समस्या यह है कि ग्रामीण क्षेत्रों में स्कूलों का शिक्षा स्तर अच्छा नहीं होता है। पुलिस थानों के समीप निवास करने वाले बालक कभी भी एक स्वस्थ, उत्प्रेरक उत्साहवर्द्धक वातावरण प्राप्त नहीं कर पाते हैं। यदि पुलिसकर्मियों के बच्चों का सामाजिक सर्वेक्षण किया जाये तो बहुत रोचक परिणाम सम्मुख आने की पूरी आशा है। पुलिसकर्मियों के अधिकतर बच्चे साधारणतया भली प्रकार शिक्षित नहीं होते हैं एवं समाज में अपना रचनात्मक योगदान देने में अक्षम रहते हैं परन्तु शहरों में निवास करने वाले पुलिस अधिकारियों के बच्चों पर जहां अच्छी शिक्षण संस्थाएं पूर्व से ही विद्यमान हैं पर लागू नहीं होता है। यह व्यवस्था पुलिसकर्मियों में मतभेद उत्पन्न कर सकती है अत: इस व्यवस्था को अपदस्थ करने का प्रयास किया जाना चाहिये।

### (5) शीघ्र स्थानान्तरण

पुलिस अधिकारियों को साधारणतया छोटे अन्तरालों में ही एक स्थान से दूसरे स्थान पर स्थानान्तरित कर दिया जाता है जिससे उनके सम्मुख अनेक समस्याएं

उत्पन्न हो जाती हैं जिनमें से मुख्यत: उनके बच्चों की शिक्षा एवं विकास है। अक्सर उनके बच्चों को विभिन्न स्थानों के विभिन्न स्तरीय स्कूलों में अपनी शिक्षा पूर्ण करनी पड़ती है। दूसरे वह उस क्षेत्र में प्रचलित परिस्थितियों से परिचित एवं भिज्ञ नहीं होते हैं। यह आश्चर्यजनक नहीं है कि उनकी कार्यक्षमता आशा के अनुरूप नहीं पाती।

**(6) दीर्घ कार्यदिवस**

यह माना जाता है कि पुलिस चौबीसों घण्टे अपने कर्त्तव्यों का निर्वहन करेगी यद्यपि प्रत्येक कर्मी हेतु आठ घण्टे की ड्यूटी का प्रावधान है। परन्तु व्यवहार में ऐसा कोई निश्चित समय नहीं होता है। दूरस्थ स्थानों में चलाये जाने वाले अभियानों में पुलिसकर्मी लगातार कई दिवसों तक कार्यरत रहता है। उन्हें देर रात तक एवं विपरीत परिस्थितयों में कार्यरत रहना पड़ता है। वास्तव में उनका कार्य बहुत थकाऊ एवं कृतज्ञताहीन है। यदि देखा जाये तो पुलिसकर्मी अपने सर्वस्व को देकर भी समाज में बदले में ज्यादा कुछ नहीं पाता है।

एक प्रशासनिक संगठन का सृजन कतिपय उद्देश्यों एवं लक्ष्य को प्राप्त करने तथा समाजोपयोगी सेवाओं के बाधारहित संचालन हेतु किया जाता है। ऐसी संस्थाओं में विकास के असीमित अवसर एवं संभावनाएं होती हैं और सभी संस्थाएं प्रभावशाली भूमिका के निर्वहन हेतु प्रशासनिक विकास की सतत् प्रक्रिया से गुजरती हैं। इसके लिये आवश्यक होता है कि इन संस्थाओं की कार्यप्रणाली का समय-समय पर आंकलन तथा मूल्यांकन किया जाता है। इस दृष्टि से निम्न तीन अन्तर्निहित चरणों के आधार पर निर्धारित नीति का परिपालन करना होता है।

(अ) प्रशासनिक ढांचे में संगठनिक विकास।

(ब) कार्यप्रणाली एवं नीतिगत विकास।

(स) प्रशासनिक संस्था के कार्यरत कर्मचारियों का सतत् नैतिक विकास।

अत: यह आवश्यक है कि पुलिस को अधिक प्रभावशाली एवं कार्यकुशल स्वरूप प्रदान करने के लिये उत्तर प्रदेश में पुलिस संगठन का आंकलन किया जाये।

उत्तर प्रदेश में पुलिस व्यवस्था काफी सन्तोषप्रद स्थिति में है जिसके अन्तर्गत इसके बहुमुखी कर्त्तव्यों के निर्वहन हेतु अनेक शाखाओं का सृजन किया गया है तथा प्रत्येक शाखा को एक विशेष क्षेत्र में कार्य करने का दायित्व सौंपा गया है। इसका मुख्य कार्यकारी क्षेत्र, मुख्य शाखा को प्रदत्त है जबकि अन्य शाखाएं मुख्य

शाखा को सहायता करने की दृष्टि से पूरक के रूप में कार्य करती हैं कार्य विभाजन एवं विशेष ज्ञाता इसका अन्त नहीं है। इन शाखाओं का अवलम्ब इस दृष्टि से किया गया है कि विभिन्न शाखाओं के आपसी सामंजस्य एवं उचित तालमेल से अधिकाधिक परिणाम प्राप्त किये जा सकें। वर्तमान पुलिस व्यवस्था का सूक्षमता से अध्ययन करने पर यह सामंजस्य पदारत मिलता है। अतः पुलिस को अधिकाधिक कार्यकुशल बनाने के लिए अनिवार्य है कि पुलिस विभाग की विभिन्न शाखाओं का योग्य प्रबन्धन एवं उचित सामंजस्य स्थापित किया जाए। उच्चाधिकारियों को इस दिशा में एक उत्प्रेरक की भूमिका निभानी होगी।

उच्च स्तर पर विभिन्न पदों का सृजन उच्चाधिकारियों की प्रोन्नति की दृष्टि से सन्तोषजनक है, फिर भी वर्तमान में यह अधिक तेजस्वी कार्यकुशल व्यक्तियों को अपनी ओर आकर्षित करने में अधिक सफल नहीं है। इसलिए यह आवश्यक है कि प्रोन्नति के अन्य अवसरों का सृजन किया जाए। अपराध के संज्ञान हेतु गठित इकाइयां बढ़ती हुई आवश्यकता के सम्मुख अपर्याप्त हैं तथा इनके विभिन्न स्थानों पर स्थित होने के कारण इन सुविधाओं का समुचित उपयोग नहीं हो पाता है। अतः शीघ्र परिणाम हेतु यह आवश्यक है कि ये इकाइयां एक स्थान पर केन्द्रित की जाएं। यदि जिला स्तर पर इनका प्रबन्ध सम्भव न हो सके तो कम से कम एक पुलिस क्षेत्र में इनकी केन्द्रीयकृत व्यवस्था की जाये।

किसी भी सेवा में भर्ती का मुख्य उद्देश्य एक विशेष कार्य हेतु योग्यतम व्यक्ति को खोजना एवं आकर्षित करना होता है। भर्ती की दोषयुक्त प्रणाली एवं नीति किसी भी संगठन के स्वरूप को नष्ट करने में पर्याप्त है अतः यह आवश्यक है कि भर्ती की प्रणाली सर्वोत्तम हो ताकि योग्यतम व्यक्ति जो विभाग में सम्मिलित होना चाहता है, का चयन बिना किसी भेदभाव एवं हस्तक्षेप के किया जाये। व्यापक रूप से पुलिस की भर्ती की नीति सन्तोषजनक है। हालांकि उप-निरीक्षक पद पर पुलिस विभाग से की गयी नियुक्तियों में भाई-भतीजावाद तथा भ्रष्टाचार के कारण और राजनैतिक दबाव से भेदभाव बरते जाने की सभी सम्भावनायें विद्यमान हैं।

किसी भी व्यक्ति विशेष का कर्त्तव्य निर्वहन में उसका व्यक्तित्व एक अत्यन्त महत्वपूर्ण भूमिका अदा करता है। किसी के व्यक्तित्व का उसकी मानसिकता, उसकी मानसिक क्षमता, ज्ञान, शिक्षा एवं प्रशिक्षण एक महत्वपूर्ण अंग होते हैं। प्रशिक्षण व्यक्ति की क्षमता, कार्यकुशलता, दृष्टिकोण एवं सूझ-बूझ में चमत्कारी विकास करता है। प्रशिक्षण उस संस्थान के मूल्यों एवं उद्देश्यों को भली प्रकार समझने एवं स्वीकार करने में सहायक होना चाहिये जहां भी वह कार्यरत है। आज

की परिस्थिति में पुलिसकर्मियों के प्रशिक्षण के निम्नांकित तथ्यों पर विशेष ध्यान देने की आवश्यकता है।

(अ) मानवीय सम्बन्धों एवं सभी हेतु समान प्रभावकारी एवं कानून सम्मत व्यवहार से युक्त दृष्टिकोण का प्रशिक्षण।

(ब) आन्दोलनों, हिंसक प्रदर्शनों एवं अहिंसक आन्दोलनों का सामना करने में नवीन दृष्टिकोण का प्रशिक्षण।

(स) गवेषणात्मक एवं अन्वेषणात्मक गुणों का विकास।

(द) आपराधिक संज्ञान हेतु नवीन वैज्ञानिक तरीकों का प्रशिक्षण।

परीक्षाणार्थियों को व्यावहारिक प्रशिक्षण प्रदान करते समय इन तथ्यों पर जोर देने की आवश्यकता है। इस उद्देश्य हेतु सामुहिक वाद-विवाद तथा समस्याग्रस्त क्षेत्रों में प्रशिक्षण का आयोजन किया जा सकता है। इन आधारभूत तथ्यों के दिशा-निर्देशन में दिया गया प्रशिक्षण पुलिसकर्मियों के दृष्टिकोण में एक नये आयाम का सूत्रपात करेगा जिससे समाज निश्चित रूप से लाभान्वित होगा।

पुलिस विभाग के आधार स्तम्भों को असन्तुष्ट रखकर प्रशासनिक विकास की कल्पना करना मृगतृष्णा ही होगी। केवल कार्य प्रणाली एवं संगठनिक ढांचे में फेरबदल करके इकाई की जरूरतों की ओर अधिकारियों का ध्यान होना आवश्यक है। पुलिस कर्मचारी एक कर्त्तव्यनिष्ठ और अपने विपरीत परिस्थितियों में कार्य करने वाला प्राणी है। उनमें स्वयं के प्रति एवं अपने व्यवसाय के प्रति अत्यल्प गर्व की भावना होती है।

बच्चों की समुचित शिक्षा व्यवस्था का अभाव एवं उनके निवास की समुचित व्यवस्था अनुपलब्धता उनके मस्तिष्क में तनाव को जन्म देता है जो उनके चिड़चिड़े स्वभाव का कारक होता है। टाटा इन्स्टीट्यूट ऑफ सोशल साइंस के डायरेक्टर एवं राष्ट्रीय पुलिस आयोग के सदस्य डॉ॰ एम॰एस॰ गोरे का विचार है कि 'पुलिस कान्स्टेबिल की सामाजिक, आर्थिक परिस्थितियों को यदि सुधारा नहीं गया तो यह उनके कर्त्तव्यों के निर्वहन में स्पष्ट परिलक्षित होता है क्योंकि वह अपने निम्न सामाजिक स्थिति के कारण नैतिकता का परित्याग कर सकता है। एक असन्तुष्ट व्यक्ति से सन्तोषजनक आशा करना व्यर्थ है। यह केवल एक मृगतृष्णा ही हो सकती है।'

उपर्युक्त विवरण पुलिस की मुख्य शाखा एवं अन्य शाखाओं में पुलिस के कुशल कार्यप्रणाली हेतु किये गये पदों के वर्गीकरण एवं स्तरीकरण का स्पष्ट

दृश्यावलोकन कराने में समर्थ है। यह व्यापक व्यवस्था वर्तमान की लगभग सभी चुनौतियों का सामना करने की दृष्टि से की गयी है। प्रशासनिक दृष्टि से उक्त व्यवस्था में कुछ भी अदृश्य के लिये नहीं छोड़ा गया है और पुलिस अधिकारी भी उन्नति के कम अवसर प्राप्त होने की शिकायत नहीं कर सकते हैं। इसके अतिरिक्त यह अधिकारी विभिन्न शाखाओं में स्थानान्तरित किये जाते रहते हैं। ताकि प्रत्येक को अपनी कार्य-कुशलता एवं क्षमता के प्रदर्शन का उचित अवसर प्रदान किया जा सके। उपर्युक्त संगठन में इस स्तर पर किसी शिकायत का अवसर नहीं है परन्तु पुलिस बल के निम्न वेतनभोगीकर्मियों को उन्नति के अवसर समुचित व समान रूप से उपलब्ध नहीं हैं।

# 4

# पुलिस प्रशासन की आन्तरिक सुरक्षा में भूमिका

जनसंख्या विस्तार, औद्योगिक विकास, वैज्ञानिक अन्वेषण एवं जनसाधारण की बढ़ती हुई अपेक्षाओं ने समाज में उत्तरोत्तर अपराधों में वृद्धि की है। विकास की दृष्टि से यह आवश्यक है कि राष्ट्रीय पर्यावरण शान्त और व्यवस्थित बना रहे तभी विकास और विकास के फलों का जनसाधारण तक आवंटन सुनिश्चित किया जा सकता है। समाज में शान्ति और व्यवस्था बनाये रखने की जिम्मेदारी पुलिस बल की है। पुलिस बल समाज में न केवल शान्ति व व्यवस्था बनाये रखता है किन्तु अपराधों की रोकथाम भी करता है। यदि इन दायित्वों को पूर्ण करने में कहीं भी चूक हो जाए तो निश्चित समाज में अव्यवस्था फैल सकती है और इस स्थिति में अन्य असामाजिक तत्व अथवा सन्निकट देशों के हस्तक्षेप समस्या को इतना जटिल बना सकते हैं कि राष्ट्रीय सुरक्षा संकट में पड़ जाए। दूसरे शब्दों में आन्तरिक सुरक्षा का प्रश्न सीधा बाह्य सुरक्षा से जुड़ा हुआ है। अतः आन्तरिक क्षेत्र में शान्ति और व्यवस्था बनाये रखना, यह राज्य व्यवस्था की मूलभूत जिम्मेदारी है। अरुणघोष के मामले में न्यायमूर्ति हिदायतुल्ला ने अब से लगभग दो दशक पहले अपने निर्णय में इस ओर इंगित किया था कि आन्तरिक व्यवस्था में छोटी से छोटी घटना भी बड़ी चुनौती का रूप धारण कर सकती है। अतः कार्यकारिणी व्यवस्था के बल के रूप में पुलिस का यह दायित्व है कि वह कानून और व्यवस्था को सुनिश्चित करे। कानून साधारणतम शब्दों में व्यवहार के नियमों को नियमित करने वाले नियमों के रूप में समझा जा सकता है जिनका निधारण समाज इसलिये करता है कि शान्ति बनी रहे। कानून का उल्लंघन करने की स्थिति में समाज दण्ड को भी सुनिश्चित करता है। पुलिस इस दृष्टि से कानून को लागू करने वाला कार्यकारिणी का अंग है।

इस दृष्टि से पुलिस को कानून का उल्लंघन करने वाले लोगों की जानकारी रखना आवश्यक है और उनके द्वारा किये गये अपराधों का पता लगाना और उन्हें दण्डित करना भी पुलिस का कार्य है।

इसके विपरीत व्यवस्था का अर्थ क्रमबद्धता से लगाया जाना चाहिये अर्थात् समाज में दैनिक जीवन सहज भाव से चले यह देखना पुलिस का कार्य है क्योंकि यदि समाज में अव्यवस्था फैल जाएगी तो कानून के उल्लंघन करने की घटनाएं भी बढ़ जाएंगी। इस प्रकार व्यवस्था बनाये रखने का अर्थ होता है, अपराधों को रोकना और समाज में शान्ति बनाये रखना। ज्यों ही व्यवस्था भंग होती है कानून को चुनौती मिलने लगती है। अतः कानून को बनाये रखने के लिये व्यवस्था को बनाये रखना आवश्यक है। जहां अपराधों की रोकथाम उनका अन्वेषण अपराधों को दण्डित कराने की प्रक्रिया कानून से जुड़ी हुई है, वहीं अपराधों की रोकथाम और शान्ति व्यवस्था बनाये रखना शब्द व्यवस्था से जुड़ा हुआ है। यह दोनों कार्य सहज और सकल भाव से सम्पन्न होते हैं तो आन्तरिक सुरक्षा व्यवस्था सुनिश्चित की जा सकती है अन्यथा आन्तरिक सुरक्षा व्यवस्था के समक्ष चुनौतियां अवश्य आएंगी। आगामी अध्ययन क्षेत्र में इस दृष्टि से पुलिस कितना सफल रहा है इसका आंकलन पुलिस बल के सदस्यों एवं जनसाधारण के दृष्टिकोणों से स्पष्ट किया जा सकता है। इस उद्देश्य से सउद्देश्य प्रतिदर्श के आधार पर वस्तुस्थिति को जानने की चेष्टा की गयी है।

आन्तरिक सुरक्षा सुनिश्चित करने की प्राथमिक आवश्यकता हेतु जरूरी है कि पुलिस बल के सदस्य सदैव क्षेत्र में उपस्थित रहे हैं। यदि उनकी उपस्थिति नहीं हो पाती है तो कानून व्यवस्था नकारात्मक रूप में प्रभावित हो सकती है और अपराध बढ़ सकते हैं।

**तालिका 4.1**

**स्थानीय अधिनियम के अन्तर्गत अपराध**

| *अपराध* | *2003* | *2002* | *2001* |
|---|---|---|---|
| 109 सी॰पी॰पी॰सी॰ | 3 | 46 | 44 |
| 110 | – | 119 | 46 |
| 25 आर्म्स एक्ट | 125 | 110 | 140 |
| 60 एक्स-एक्ट शराब | 11 | 10 | 13 |
| 13 जी जुआ | 4 | 9 | 9 |

| *अपराध* | *2003* | *2002* | *2001* |
|---|---|---|---|
| 13-जी (सट्टा) | 12 | 9 | 4 |
| एन०डी०पी०एस० एक्ट मादक पदार्थ | 10 | 15 | 14 |
| गैंगेस्टर एक्ट | 8 | 9 | 9 |
| एन०एस०ए० एक्ट | 1 | 5 | 3 |
| गोवध | 8 | 58 | 21 |
| 151/107/116 क्राइम सी०पी० | 1 | 2 | – |
| शैक्सर आधारित गि० | 268 | 301 | 215 |

**तालिका 4.2**

**भारतीय दण्ड संहिता के अन्तर्गत अपराध**

| *अपराध* | *2003* | *2002* | *2001* |
|---|---|---|---|
| डकैती | – | 6 | 2 |
| रोड होल्डप | – | – | – |
| लूट | 5 | 4 | 12 |
| हत्या | 10 | 16 | 20 |
| देहज हत्या | 1 | 4 | 1 |
| 307/308 आई०पी०सी० | 7 | 12 | 18 |
| बलवा | 5 | 10 | 11 |
| 304 आई०पी०सी० | 1 | 2 | 2 |
| महिला अपहरण | 3 | 9 | 7 |
| फिरौती हेतु अपहरण | 1 | – | – |
| बलात्कार | 2 | 4 | 2 |
| नकबजनी | 10 | 25 | 17 |
| बिजली तार चोरी | – | 2 | 2 |
| ड्रास फार्म चोरी | – | – | – |
| पशु चोरी | 2 | 2 | 5 |

| *अपराध* | *2003* | *2002* | *2001* |
|---|---|---|---|
| साइकिल चोरी | 1 | 9 | 5 |
| साधारण चोरी | 38 | 36 | 55 |
| शस्त्र चोरी | 1 | – | 1 |
| वाहन चोरी | 23 | 42 | 26 |
| मुठभेड़ | 7 | 4 | 12 |

इस दृष्टि से अध्ययन क्षेत्र में 62.50 प्रतिशत जनसाधारण उत्तरदाता यह स्वीकार करते हैं कि पुलिस बल के सदस्यों की उपस्थिति बनी रहती है और उनकी यह उपस्थिति 46.66 प्रतिशत उत्तरदाताओं की दृष्टि से 1 से अधिक बार रहती है जबकि शेष सदस्य इसे सप्ताह में स्वीकारते हैं। वस्तुस्थिति जो भी हो पुलिस बल का क्षेत्र में उपस्थित होना अपराध की वृद्धि रोकने में सहायक है। यह और भी प्रभावी हो सकता है यदि पुलिस बल के सदस्य लोगों से मिलते हैं किन्तु दुखद स्थिति यह है कि मात्र 20.83 प्रतिशत उत्तरदाता यह स्वीकार करते हैं कि पुलिस बल के लोग उनसे मिलते हैं। इसका यह अर्थ हुआ कि पुलिस और जनसाधारण में आपसी स्तर पर कोई ताल-मेल नहीं, जहां पुलिस बल के सदस्य लोगों से मिले भी हैं, वहां उनका व्यवहार सामान्यत: 37.50 प्रतिशत उत्तरदाताओं की दृष्टि में अच्छा है। अन्यथा या तो उत्तरदाता प्रतिक्रिया ही व्यक्त नहीं करते, यदि करते भी हैं तो उसके अनुसार पुलिस बल का व्यवहार अच्छा नहीं है। उत्तरदाताओं के उत्तरों की यह संरचना स्पष्ट करती है कि आन्तरिक सुरक्षा की प्राथमिक स्तर अर्थात् क्षेत्र में उनकी उपस्थिति ही बहुत प्रभावी नहीं है।

**तालिका 4.3**

**कानून और व्यवस्था की स्थापना में पुलिस बल की भूमिका**

| *क्या थाने के सिपाही गश्त पर आते हैं* | *आवृत्ति* | *प्रतिशत* |
|---|---|---|
| हां | 75 | 62.50 |
| नहीं | 32 | 26.66 |
| ज्ञात नहीं | 13 | 10.83 |
| योग | 120 | 100.00 |

**तालिका 4.4**
**सप्ताह में गश्त**

| *सप्ताह में कितनी बार गश्त पर आते हैं* | *आवृत्ति* | *प्रतिशत* |
|---|---|---|
| एक बार | 23 | 30.66 |
| दो बार | 17 | 22.66 |
| अधिक बार | 35 | 46.66 |
| योग | 75 | 100.00 |

**तालिका 4.5**
**पुलिस बल एवं जनसम्पर्क**

| *क्या उन्होंने आपसे मिलने की चेष्टा की* | *आवृत्ति* | *प्रतिशत* |
|---|---|---|
| हां | 25 | 20.83 |
| नहीं | 95 | 79.16 |
| योग | 120 | 100.00 |

**तालिका 4.6**
**पुलिस बल का जनसाधारण के प्रति व्यवहार**

| *उनका व्यवहार आपके प्रति कैसा है* | *आवृत्ति* | *प्रतिशत* |
|---|---|---|
| बहुत अच्छा | 10 | 8.33 |
| अच्छा | 45 | 37.50 |
| बुरा | 10 | 8.33 |
| ज्ञात नहीं | 55 | 45.83 |
| योग | 120 | 100.00 |

आन्तरिक सुरक्षा का दूसरा पहलू आपराधिक घटना घटने के बाद पुलिस की उपस्थिति से है। यह उपस्थिति जितनी शीघ्र होगी अपराधी के पकड़े जाने की सम्भावना बलवती होगी। ज्ञातव्य है कि पाश्चात्य राष्ट्रों में घटना स्थल पर पुलिस

की उपस्थिति का समय अधिकतम तीन मिनट है परन्तु अध्ययन क्षेत्र में उत्तरदाताओं के अनुसार यह समय 23.33 प्रतिशत 6 से 24 घण्टे और उससे अधिक है और 36.66 प्रतिशत उत्तरदाताओं की दृष्टि से वह 1-6 घण्टे है। मात्र तीन उत्तरदाता ने स्वीकार किया है कि पुलिस बल मात्र 20 मिनट के अन्दर घटना स्थल पर पहुंच गया है। स्पष्टत: समय का यह अन्तराल अपराधी को भगाने में सहायता देता है और इस दृष्टि से आन्तरिक सुरक्षा के लिये चिन्तनीय है।

**तालिका 4.7**

**आपराधिक घटनाओं के सन्दर्भ में पुलिस बल के प्रति उत्तर समय अंतराल**

| *सूचना देने के कितनी देर बाद पुलिस पहुंची* | *आवृत्ति* | *प्रतिशत* |
|---|---|---|
| 20 मिनट | 3 | 2.50 |
| 20 मिनट से 1 घण्टा | 17 | 14.16 |
| 1 से 6 घण्टे | 44 | 36.66 |
| 6 से 24 घण्टे | 28 | 23.33 |
| 24 घण्टे से अधिक | 28 | 23.33 |
| योग | 120 | 100.00 |

आन्तरिक सुरक्षा को साम्प्रदायिक दंगों से चुनौती मिलती है। साम्प्रदायिक दंगों की दृष्टि से अध्ययन क्षेत्र की पुलिस 38.46 प्रतिशत मामलों में उसका व्यवहार सन्तुलित है और 26.92 प्रतिशत मामलों में अप्रभावी, शेष 34.61 प्रतिशत मामलों में वह प्रभावी एवं सक्रिय है। आन्तरिक सुरक्षा की दृष्टि से यह स्थिति भी चिन्तनीय है।

**तालिका 4.8**

नगर में साम्प्रदायिक दंगों के सन्दर्भ में

| *क्या आपके नगर में साम्प्रदायिक दगे हुए हैं* | *आवृत्तिं* | *प्रतिशत* |
|---|---|---|
| हाँ | 26 | 21.66 |
| नहीं | 94 | 98.33 |
| योग | 120 | 100.00 |

पुलिस के इस आचरण के लिये कोई भी कारण उत्तरदायी हो किन्तु आन्तरिक सुरक्षा पुलिस के हाथों में पूर्णतः सुरक्षित नहीं है। इस तथ्य को प्रकारान्तर से पुलिस बल के सदस्य भी स्वीकारते हैं। इस परिप्रेक्ष्य में आवश्कयता यह है कि पुलिस बल और जनसाधारण के मध्य समन्वय स्थापित हो और पुलिस बल की कार्यक्षमता बढ़ाने के लिये नवीनतम तकनीक से परिचित कराया जाए। आशा है कि नीति निर्माता इस दिशा में सम्यक् विचार समय रहते हुये करेंगे।

# 5

# बुलन्दशहर : एक परिचयांकन

## राजनीतिक परिवेश

बुलन्दशहर जनपद यमुना और गंगा नदियों के बीच समतल पर 28° और 28.4° उत्तरी अक्षांश एवं 77° पूर्वी देशान्तर के मध्य पूर्णतया पश्चिमी उत्तर प्रदेश में मेरठ मण्डल के दक्षिणी भाग में स्थित है। इसकी सीमाएं पश्चिम में गाजियाबाद जनपद, उत्तर में मुरादाबाद जनपद, दक्षिण में हरियाणा राज्य तथा पश्चिम में राष्ट्रीय राजधानी क्षेत्र दिल्ली से मिलती हैं।

यह जनपद समुद्र तल से 780 फीट की ऊँचाई पर है। इसकी नदियाँ 'गंगा' और 'यमुना' बाह्य उत्तर और दक्षिण क्षेत्र में बहती हैं। काली नदी तथा ऊपरी गंगा नहर इसके मध्य से बहती है।[1]

जनपद का मौसम सामान्यतः शुष्क और स्वास्थ्यवर्धक माना जाता है। यहां का अधिकतम तापमान मई व जून माह में 43.4°C तथा न्यूनतम तापमान जनवरी व फरवरी माह में लगभग 4°C तक पहुँच जाता है। आनुपातिक वर्षा मार्च से जून के मध्य 152 मिलीमीटर, जुलाई से अक्तूबर माह के मध्य 880 मिलीमीटर रहती है। पर्याप्त वर्षा के कारण तथा वर्षा के दिनों में मध्य गंग नहर का पानी काली नदी में छोड़े जाने के कारण काली नदी के कुछ क्षेत्रों में बाढ़ आ जाती है।[2]

---

1. उत्तर प्रदेश शिक्षा सांख्यिकी शैक्षिक, अनुसंधान एवं प्रशिक्षण परिषद्, उ०प्र० लखनऊ, 1999, पृ० 3।
2. बुलन्दशहर छठी पंचवर्षीय योजना के अन्तर्गत विकास के घेरे में : जिला सूचना जनसम्पर्क विभाग, बुलन्दशहर, 1985, पृष्ठ 11।

जनपद का क्षेत्रफल 4158.5 वर्ग किलोमीटर है। 1991 की जनगणना के अनुसार जनपद की जनसंख्या 24,68,370 है जिसमें 13,29,120 पुरुष तथा 11,39,250 स्त्रियां हैं। जनपद में ग्रामीण जनसंख्या 19,37,430 तथा नगरीय जनसंख्या 5,30,940 है। जनपद में कुल जनसंख्या में अनुसूचित जनजाति की संख्या केवल 100 है। धार्मिक आधार पर देखा जाये तो जनपद में हिन्दुओं की संख्या 22,77,189, मुस्लिम 5,63,850, सिक्ख 3,023, ईसाई 712, बौद्ध 2,808, जैन 1,914 व 363 अन्य धर्मों के अनुयायी हैं। जनपद में साक्षरता का प्रतिशत 44.5 है जिसमें से पुरुषों का प्रतिशत 61.5 है।[3]

**तहसील :** जनपद में वर्तमान में सात तहसीलें है–बुलन्दशहर, खुर्जा, अनूपशहर, स्याना, सिकन्दराबाद, डिबाई, शिकारपुर।

**विकास खण्ड :** जनपद में सोलह विकास खण्ड हैं-अनूपशहर, अरनियाखुर्द, बहू बहादुरनगर, बुलन्दशहर, दानपुर, डिबाई, गुलावटी, जहाँगीराबाद, खुर्जा, लखावटी, पहासू, शिकारपुर, सिकन्दराबाद, स्याना, अगौता और ऊँचा गाँव।

**नगरपालिका :** जनपद में नौ नगरपालिकाएं हैं–अनूपशहर, खुर्जा, गुलावटी, डिबाई, जहांगीराबाद, स्याना, सिकन्दराबाद, शिकारपुर और बुलन्दशहर (सिटी वार्ड) हैं।

**टाउन एरिया :** जनपद में नौ टाउन एरिया हैं–औरंगाबाद, खानपुर, जहांगीराबाद, छतारी, नरौरा, पहासू, बुगरासी, बहु बहादुरनगर, बिलासपुर हैं।[4]

बुलन्दशहर का इतिहास पुराना है। इसके वर्तमान नाम के विकास के लिये अनेकों किंवदन्तियाँ प्रचलित हैं। 'बनछटी' और 'बरन' ये दो नाम इसकी उत्पत्ति के लिये उत्तरदायी माने जाते हैं।[5]

प्रख्यात पुरातत्त्ववेत्ता श्री रमेश चन्द्र शर्मा ने अपने शेध के आधार पर यह तथ्य प्रस्तुत किया कि 'आहार' नामक महाभारतकालीन स्थल के पतन के बाद ही बुलन्दशहर की स्थापना हुई होगी क्योंकि प्राचीन समय में, बुलन्दशहर का भू-भाग

---

3. उत्तर प्रदेश शिक्षा सांख्यिकी शैक्षिक, अनुसंधान एवं प्रशिक्षण परिषद्, उ० प्र० लखनऊ, 1999, पृ० 1-5.
4. सांख्यिकी पत्रिका, जनपद बुलन्दशहर, 1991, राज्य नियोजन संस्थान, अर्थ एवं संख्या प्रभाग, उ०प्र०, 1999, पृ० 11।
5. ग्राउस एफ०एस०, बुलन्दशहर : एक भारतीय जनपद की रूपरेखा–सामाजिक ऐतिहासिक और पुरातत्त्वीय, (बनारस : 1984), पृ० 3-4।

जंगलों से ही भरा हुआ था, जिसके कारण यह प्रदेश 'बनछटी' कहलाता था। यह प्रतीत होता है कि बाद में इस भाग से जंगल साफ कर दिये गये होंगे।[6] बाद में इसी भाग पर राजा परमाल ने एक किले का निर्माण किया और इसके पश्चात् तोमर वंश के राजा अहबरन के शासन काल के बाद में यह 'बनछटी', 'बरन' के नाम से ही प्रसिद्ध हो गया।[7] शोधकर्ताओं का मत यह भी रहा है कि भूतल से काफी ऊँचाई पर स्थित होने के कारण इसका वर्तमान नामकरण हुआ है। क्योंकि फारसी भाषा में 'बुलन्द' का अर्थ ऊँचा होता है। इसीलिये उस स्थान का नाम बुलन्दशहर हो गया।[8]

इस जनपद के इतिहास का विवरण 1300 वर्ष ईसा पूर्व से मिलता है।[9] यहाँ स्थित 'रुकमणी कुण्ड' (महाभारतकालीन) तथा राजकीय भूतल परिवहन स्टेशन के पीछे स्थित 'सरवर ताल' महाभारतकालीन घटनाओं से जुड़ी किंवदंतियों को आधार देते हैं। वस्तुतः पुरातत्विक सूचनाओं तथा मुद्राओं के आधार पर यह अनुमान लगाना कठिन नहीं है कि प्राचीन काल में बुलन्दशहर पांडवों के राज्य का एक अंग था।[10]

ईसा पूर्व की प्रथम शताब्दी में मित्रवंशी राजा 'गोमित्र' ने इस पर शासन किया। 'शुंग वंश' के पतनोपरान्त मथुरा के क्षत्रियों को अपदस्त कर कुषाणों ने अपनी प्रभुसत्ता स्थापित की। प्रथम एवं द्वितीय शताब्दी ईसा पूर्व की मुद्राएं इस जनपद में उपलब्ध हुई हैं।[11] सोलह महाजनपद काल में यह कुरु जनपद के अन्तर्गत रहा।

चन्द्रगुप्त मौर्य और अशोक महान का इस जनपद पर शासन रहा है। अन्वेषण एवं प्रभावों के आधार पर यह तथ्य स्थापित किया गया कि बौद्ध काल में एक 'बौद्ध विहार' का बुलन्दशहर में निर्माण हुआ। इससे सम्बन्धित कुछ चिन्ह, प्रतिमाएं एवं ब्राह्मी लिपि में कुछ लेख प्राप्त हुए हैं।[12] गुप्त साम्राज्य के स्वर्ण काल

6. शर्मा, यादराम, इतिहास जिला बुलन्दशहर (बुलन्दशहर : 1956), पृ० 8-9।
7. जिआउद्दीन बरनी ने अपने ग्रन्थ 'तारिखे फीराजशाही' में स्वयं को बरन का निवासी बताया।
8. हिन्दी फारसी का शब्दकोश, (लाहौर, 1908)।
9. राजबली पाण्डेय, प्राचीन भारत, (वाराणसी, 1962) पृ० 78।
10. सेन, कुँवर लक्ष्मण, जिला गजेटियर, पृ० 2, ग्राउस एफ० एस० पूर्वोक्त, पृ० 61।
11. मेहता, आर०एन०, प्री बुद्धिस्ट इंडिया (बम्बई, 1939) पृ० 171।
12. शुक्ल चिन्तामणि, बुलन्दशहर जनपद का राजनीतिक इतिहास (मथुरा, 1981), पृ० 121।

में भी यह एक महत्वपूर्ण स्थान रहा है। गुप्तकाल के एक ताम्र पत्र (465 ई॰) में एक दान का उल्लेख है जो कि इस जनपद में स्थित इन्द्रपुर (वर्तमान इदूर) नामक ग्राम में एक टीले की खुदाई के समय प्राप्त हुआ इससे निर्दिष्ट है कि इस ग्राम को दैव विष्णु नामक ब्राह्मण ने 'सूर्य मन्दिर' में प्रज्जवलित करने के लिये दान में दिया था।[13]

गुप्त शासन काल में इन्द्रगुप्त ने सर्वनाग नामक व्यक्ति को बुलन्दशहर का अधिपति नियुक्त किया था। किन्तु गुप्त शासकों ने इस जनपद को जिस राजा से जीता था 'प्रयाग प्रशस्ति' में इसका नाम मित्तल लिखा हुआ है और मित्तल नाम की एक मुद्रा भी यहां मिलती है। इसके अतिरिक्त जिस अभिलेख में सर्वनाग का उल्लेख किया है, वह इन्द्रपुर (तहसील अनूपशहर) में मिला है। इस अभिलेख में गुप्त सम्राट स्कन्दगुप्त की उपाधि-परम भट्टारक महाराजाधिराज उत्कीर्ण है और उसके साम्राज्य को 'अभिवर्धमान विजय राज्य' कहा गया है।[14]

इसके बाद उत्तरी भारत में 600 ई॰ से 1200 ई॰ के मध्य अनेक राजवंशों यथा–मौखटी वंश, वर्धन वंश, गुर्जर वंश, मैत्रक वंश, कनुचरिवंश, आदि का उदय हुआ जिसका कारण उत्तरी भारत पर हो रहे हूणों के भयंकर आक्रमण से बचाव था। (1554–647 ई॰) मौखटी वंश और 606–647 ई॰ तक वर्धन वंश के शासकों का इस क्षेत्र पर आधिपत्य रहा। प्रतिहार राजा मिहिर भोज के शासन काल में इस जनपद की चहुमुखी उन्नति हुई।[15]

1890 ई॰ तक बुलन्दशहर पर कन्नौज के गढ़वाल वंशीय राजाओं का प्रभुत्व रहा। इसके बाद लगभग दो शताब्दियों तक यह क्षेत्र चन्देल, चौहान और तोमर राजाओं का क्रियास्थल बना रहा। अन्त में राजा अहिबरन तोमर ने चन्देल राजा परमाल (1167 ई॰–1201 ई॰) के वंशली से इस प्रदेश को जीतकर अपना शासन स्थापित कर लिया। अधिकांश इतिहासकार इसी राजा अहिबरन को बरन (बुलन्दशहर) का संस्थापक मानते हैं।[16]

डोर वंश के राजा हरिदत्त के समय महमूद गज़नवी ने 'बरन' पर आक्रमण किया और हरिदत्त की हार हुई। उसने अपने 10,000 अनुयायियों सहित इस्लाम धर्म स्वीकार कर अपने प्राणों की रक्षा की। महमूद गजन्वी ने राजा हरिदत्त को

13. जायसवाल, के॰पी॰ हिस्ट्री ऑफ इण्डिया, (लाहौर, 1933), पृ॰ 232।

14. पाण्डेय, राजबली, पूर्वोक्त, पृ॰ 239।

15. ग्राउस, एफ॰एस॰ पूर्वोक्त, पृ॰ 7।

16. वही।

वहां का शासक बना रहने दिया। इस समय बरन के अन्तर्गत मेरठ और अलीगढ़ भी सम्मिलित थे। इस आक्रमण के बाद डोर शासकों ने अपने राज्य की किलेबन्दी आरम्भ की। बुलन्दशहर में एक दुर्ग बनाया गया और उसकी रक्षा के लिये एक ओर काली नदी और तीन और कंकड़ों की गहरी खाइयाँ खुदवाई गईं। इसके अवशेष आज भी वर्तमान जेलखानों के आस-पास मिलते हैं।[17] इसके बाद चौहान ने बुलन्दशहर पर अपना आधिपत्य कर लिया। तराइन के द्वितीय युद्ध में पृथ्वीराज चौहान की पराजय के बाद मुहम्मद गौरी ने 1193 ई० में अपने सेनापति कुतुबुद्दीन ऐबक को 'बरन' पर अधिकार करने का आदेश दिया। इस युद्ध में तत्कालीन राजा चन्द्रसेन वीरगति को प्राप्त हुआ। ऐबक ने अजय पाल को बुलन्दशहर का चौधरी नियुक्त किया और इस्लाम धर्म ग्रहणोपरान्त उसे मलिक मौहम्मद दराजकन्द की उपाधि प्रदान की। जनपद में इसके वंशज आज भी चौधरी कहलाते हैं। दास वंश के सुल्तान इल्तुतमिश (1211-1236 ई०) कुछ समय तक 'बरन' का जागीरदार बना। इसके बाद बलबन (1266-1287 ई०) 'बरन' का जागीरदार बना। बलबन के बाद जलालुद्दीन फिरोज खिलजी 'बरन' का सूबेदार रहा। अलाउद्दीन खलजी के राज्यारोहण के समय जियाउद्दीन बरनी का पिता बुलन्दशहर का ख्वाजा था। अलाउद्दीन के शासन काल (1296-1316 ई०) में बरन शाही फौजों की महत्वपूर्ण छावनी थी।[18] तुगलक वंश (1320-1414 ई०) की स्थापना गाजी मलिक (ग्यासुद्दीन तुगलक) ने 8 सितम्बर, 1320 को की। तुगलक के शासन काल (1325-1351 ई०) में यह जनपद अनेक आपदाओं का शिकार हुआ। असंख्य निवासियों की हत्या, भारी कर और अत्याचारों के माध्यम से वसूली, व्यवसाय और जीवन पर असहनीय भार हो गये। इन भीषण अमानवीय कृत्यों से बुलन्दशहर में अकाल और महामारी फैल गयी और जनता को अपार कष्ट सहने पड़े।

फिरोज तुगलक के शासन काल (1351-1388 ई०) में इस क्षेत्र का समृद्धशाली गुण प्रारम्भ हुआ परन्तु फिरोज तुगलक की मृत्यु के बाद उसके अयोग्य उत्तराधिकारियों-ग्यासुद्दीन तुगलक शाह द्वितीय (1388-1394 ई०), मुहम्मद शाह (1390-1394 ई०) और हुमायूँ (1394-1395 ई०) और नसिरूद्दीन महमूद (1394 से 1414 ई०) के समय आपसी राजनीति के कारण इस क्षेत्र में अराजकता फलती-फूलती रही।[19]

---

17. यादराम शर्मा, पूर्वोक्त, पृ० 11।

18. तारीखे फिरोजशाही, आदि, खलजीकालीन भारत में संग्रहीत, पृ० 281।

19. यादराम शर्मा, इतिहास जिला बुलन्दशहर, (बुलन्दशहर, 1939), पृ० 27।

सैयद वंश (1414-1451 ई०) के प्रथम सुल्तान रिवज खाँ ने 1420 ई० में इटावा के राजपूतों के दमन के लिये शाही सेना भेजी तो उसने 'बरन' में पड़ाव किया। लोदी वंश के शासन काल (1451 से 1526 ई०) में बुलन्दशहर जनपद पर मुस्लिम प्रभुत्व बना रहा। मुगल साम्राज्य की स्थापना होने पर केवल अकबर के शासन काल (1556 से 1605 ई०) में बुलन्दशहर की आर्थिक स्थिति व प्रशासन के विषय में काफी जानकारी उपलब्ध है। लेकिन 'बाबरनामा' प्रदर्शित करता है कि यह क्षेत्र बाबर के समय में ही मुगलों के प्रभुत्व में आ चुका था। 'आइने-अकबरी' में यहां के परगनों की व्यवस्था के विवरण में इस जनपद को एक बड़ा परगना बताया गया, जिसका प्रशासन एक सरकार के अधीन था[20] तथा दक्षिण व पूर्वी भाग अलीगढ़ के अधीन था। जहांगीर के शासन काल (1605-1621 ई०) में बुलन्दशहर एक शिकरगाह बन गया था। सम्राट जहांगीर के नाम पर ही यहां नगर जहांगीराबाद व अनूपशहर की नींव डाली गयी।[21] शाहजहां के शासन काल में यह क्षेत्र किसी विशेष घटना से जुड़ा नहीं रहा। लेकिन औरंगजेब (1658-1707) ई० के शासन में बुलन्दशहर की जनता को सम्राट की धार्मिक कट्टरता के कारण अगणित कष्ट उठाने पड़े। यहां के असंख्य हिन्दुओं को बलात् इस्लाम धर्म स्वीकार करना पड़ा।

उत्तर काल के मुगल सम्राटों के शासन में बुलन्दशहर दिल्ली में रहा तथा यह स्थान दिल्ली सल्तनत के निकट होने के कारण सदैव वहां की घटनाओं से प्रभावित रहा। सन् 1749 ई० में अहमद शाह अब्दाली ने दिल्ली पर आक्रमण किया और उसने सिकन्दराबाद, बुलन्दशहर और अनूपशहर नगरों में काफी लूटमार की। अलीगढ़ के तत्कालीन सूबेदार अफ़्रसयाब खां ने 1763 ई० में आक्रमण करके कुचेसर, स्याना और सरायटोला के किलों को नष्ट कर दिया। सन् 1790 तक रामधन सिंह बुलन्दशहर के एक शक्तिशाली और प्रभुता सम्पन्न सरकार के रूप में उभरकर आया और इस प्रकार मुगल साम्राज्य के सूर्यास्त के बाद यह क्षेत्र मराठों के प्रभाव में रहा।[22]

## जनपद में ब्रिटिश प्रभुत्व

इस जनपद में अंग्रेजों का पहला भयंकर संघर्ष मालागढ़ के स्वतन्त्र मराठा सरदार माधोराव के साथ हुआ। दो युद्धों के बाद अंग्रेज माधोराव को पराजित करने में सफल हुए। इस प्रकार बुलन्दशहर में ब्रिटिश सत्ता का श्रीगणेश हुआ।

20. **चिन्तामणि** शुक्ल, पूर्वोक्त, पृ० 18।
21. **बेनी प्रसाद**, हिस्ट्री ऑफ जहांगीर, इलाहाबाद, 1940।
22. **यादराम शर्मा**, वही, 1936, पृ० 25-30।

बुलन्दशहर के राजनीतिक इतिहास के 'दून्दे खाँ' का स्वाधीनता संघर्ष स्वर्ण अक्षरों में अंकित है। अंग्रेजी शासन के साथ दून्दे खाँ की लम्बी लड़ाई चली। अन्त में, 12 अक्तूबर सन् 1807 को अंग्रेज जनरल डिकिंस ने कमौना के किले पर घेरा डाल दिया। 38 दिनों तक दून्दे खाँ ने अंग्रेजों से लोहा लिया लेकिन वह इस विशाल सेना का सामना न कर सका और 13 सितम्बर, 1807 को राजस्थान चला गया। अंग्रेजों ने यद्यपि उसके लिये विशाल इनाम घोषित किया था, लेकिन वे उसे बन्दी बनाने में असफल रहे।[23]

जनपद बुलन्दशहर का वास्तविक उदय अंग्रेजी शासन के अन्तर्गत 1824 में हुआ।[24] इससे पूर्व बुलन्दशहर जनपद मेरठ का एक भाग था, लेकिन अपनी पौराणिक स्थिति एवं ऐतिहासिक महत्व के कारण बुलन्दशहर जनपद उत्तर प्रदेश के पश्चिमी भाग में सदैव ही अपना एक विशिष्ट स्थान बनाये रहा है। यहां के यातायात साधन भी इसकी उन्नति में सहायक रहे हैं। इसी कारण यहां प्राचीन काल से भी भारत के लोग आते रहे हैं।

भारत में स्वतन्त्रता के लिये संघर्ष में बुलन्दशहर जनपद राष्ट्रीयता के विचारों से आदि से अन्त तक जुड़ा रहा है। राष्ट्रीय आन्दोलन की प्रत्येक घटना से यह प्रभावित रहा है और देश के विभिन्न भागों की भांति इसने सक्रिय भाग लेकर अपनी महत्वपूर्ण भूमिका निभाई।

1857 में कम्पनी शासन को मिटाने के लिये एक बड़ी क्रान्ति समस्त भारत में फैली। यह क्रान्ति 10 मई को मेरठ से शुरू हुई। पं० नारायण शर्मा इस क्रान्ति का सन्देश लेकर बुलन्दशहर आये और गुप्त रूप से 9 नवम्बर को सेना में प्रचार करने लगे।[25] कुछ दिन में इस क्रान्ति की चर्चा घर-घर में होने लगी। चौक बाजार में लोग खुलेआम विद्रोह की बात करने लगे।

जनपद में महात्मा गांधी, मोती लाल नेहरू, पं० जवाहरलाल नेहरू, पं० हृदय नाथ कुंजरू, पं० गोविन्द वल्लभ पंत तथा अनेक देशभक्त नेताओं के आगमन ने जनपद को नेताओं को राष्ट्रीय भावना से ओत-प्रोत किया।[26]

---

23. बुलन्दशहर गजेटियर, 1904, पृ० 152-153।
24. डेवर डगलस, इंग्लिश प्रोविन्सिस ऑफ आगरा एण्ड अवध, (इलाहाबाद : गवर्नमेंट प्रेस), पृ० 130।
25. सुन्दर लाल, भारत में अंग्रेजी राज्य, द्वितीय खण्ड,. (नई दिल्ली : सूचना विभाग, 1970), पृ० 835।
26. दैनिक हिन्दुस्तान, पृ० 3 का 1, 15 जुलाई, 1976।

इस जनपद में सर्वप्रथम गुर्जरों ने अंग्रेजों के विरुद्ध कार्य करना प्रारम्भ किया। दिल्ली से लेकर अलीगढ़ तक क्रान्तिकारियों का अधिकार हो गया और साढ़े तीन महीनों तक वलीद खां के तीव्र विरोध के कारण दादरी क्षेत्र में अंग्रेजों का आना जाना भी असम्भव हो गया था।[27] बुलन्दशहर पर आक्रमण कर देशभक्तों ने जेल से कैदियों को छुड़ा लिया और जेल के समस्त कागजातों को आग लगा दी। अंग्रेजों ने बुलन्दशहर के एक स्थान काला आम पर तोप लगाकर मालागढ़ के किले को नष्ट कर दिया।

प्रथम स्वतन्त्रता संग्राम के बाद इस जनपद में पूर्णतः सन्नाटा छा गया परन्तु 1867 ई॰ में स्वामी दयानन्द के इस जनपद के दानपुर, आहार, बेलौन और अनूपशहर आदि नगरों में भ्रमण करने से इस जनपद में नई चेतना का संचार हुआ।[28] 1885 में बुलन्दशहर में आर्य समाज की स्थापना की गई जिससे लोगों में त्याग, साहस और बलिदान की भावनाएं फिर से अंकुरित हुईं।[29] 1909 में महात्मा गांधी ने दक्षिण अफ्रिका में प्रवासी भारतीयों की सहायता के लिये कार्य किया। उसी कार्य के लिये इस जनपद में बुलन्दशहर संघ की स्थापना की गयी।[30]

अनूपशहर में जहां स्वामी दयानन्द को जहर देकर अपने आपको कलंकित बना लिया था, ने 1911 में महान क्रान्तिकारी राजा महेन्द्र प्रताप के प्राणों की रक्षा करके अपने आपको गौरवान्वित किया।

1916 में देश में जब 'होमरूल लीग' की स्थापना की गई थी, तब बुलन्दशहर में पं॰ हृदयनाथ कुंजरू एवं श्री बाल कृष्ण कौल पधारे और इन्होंने बाबू बृज बिहारी लाल एडवोकेट के मकान पर 40 व्यक्तियों की एक मीटिंग की। उसी समय जनपद में जिला संघ की स्थापना की गई, जिसका नेतृत्व पं॰ नानक चन्द्र वकील ने किया। यह जनपद की प्रथम राजनीतिक संस्था थी। पं॰ नानक चन्द्र वकील ने 1918 में दिल्ली में आयेजित कांग्रेस अधिवेशन में भाग लेकर इस जनपद का प्रतिनिधित्व किया।[31] अछेजा घाट (खुर्जा) के निवासी रामसिंह आत्मज

---

27. विद्रोह पर सेप्टे की रिपोर्ट, फ्रीडम स्ट्रगल इन उ॰प्र॰, खण्ड-5, (लखनऊ, 1960) पृ॰ 38।

28. पं॰ लेखराम, महर्षि दयानन्द सरस्वती का जीवन परिचय, (दिल्ली, 1977), पृ॰ 75।

29. स्वतन्त्रता संग्राम के सैनिक : संक्षिप्त परिचय-6, जनपद बुलन्दशहर, (लखनऊ : सूचना विभाग, 1969)।

30. तदैव, पृ॰ घ।

31. यादराम शर्मा, इतिहास जिला बुलन्दशहर, (बुलन्दशहर, 1936) पृ॰ 45।

श्री प्राणसुख ने 1920 में असहयोग आन्दोलन के समय पुलिस इंस्पेक्टर के पद से त्याग पत्र दे दिया और महाशय शिवलाल ने सार्वजनिक निर्माण विभाग, बुलन्दशहर की सरकारी नौकरी को तिलांजलि दे दी। व्यापारियों ने विदेशी वस्त्रों का व्यापार बन्द कर दिया। इस जनपद में पं० जवाहर लाल नेहरू ने इस आन्दोलन को सक्रिय करने के लिये यात्रा की। जनपद से तिलक स्वराज्य फण्ड में 15,150 रुपये दिये गये।[32]

इस जनपद में 1922 में पं० मोतीलाल नेहरू, श्रीनिवास, आयंगर आदि नेता पधारे। असहयोग आन्दोलन में श्री रघुवीर दयाल मिश्रा, पं० रामचन्द्र शर्मा और पं० छुट्टन लाल ने सक्रिय रूप से विशेष योगदान दिया। इस आन्दोलन के सिलसिले में 3 अक्तूबर, 1921 को जब श्री महावीर त्यागी बुलन्दशहर पधारे तो सरकार ने उन्हें गिरफ्तार कर लिया। इस जनपद में एक अंग्रेज न्यायाधीश ने अदालत में उनके गाल पर थप्पड़ लगवाये, जिससे इस जनपद में सर्वत्र उत्तेजना फैल गयी। महात्मा गांधी जैसे नेताओं ने भी इसकी तीव्र आलोचना की।

1927 में बुलन्दशहर में लाला पृथ्वीराज की धर्मशाला में 'जिला हिन्दू सभा' की स्थापना की गई। 1927 में ही साइमन कमीशन की नियुक्ति की गयी। बुलन्दशहर में भी एक सभा का आयोजन किया गया और खुर्जा में हिन्दुस्तान सेवा दल नामक एक संस्था का उदय हुआ, जिसका उद्देश्य पीड़ित नागरिकों की सेवा करना था, नवम्बर 1924 में सरदार भगत सिंह ने युवकों के एक संगठन नौजवान भारत सभा की स्थापना की।[33] गांधी जी खादी प्रचार के लिये उत्तर प्रदेश यात्रा के दौरान 3 नवम्बर को दिल्ली से अलीगढ़ जाते हुए सिकन्दराबाद, बुलन्दशहर व खुर्जा पधारे। जनपद की जनता ने गांधी जी को 9,200 रुपये खादी प्रचार के लिये भेंट किये।[34]

संयुक्त प्रांत के गर्वनर सर माल्कल हैली को लखवटी कॉलिज में तथा पाली के जमींदारों को राजभक्ति की शपथ दिलाने के लिये आमन्त्रित किया गया। गवर्नर हैली 31 मार्च, 1930 को बुलन्दशहर पधारे तथा 1 अप्रैल, 1930 को उन्हें लखवटी जाना था। खबर हवा की तरह उड़कर कांग्रेसियों तक जा पहुँची, ज्योंही गर्वनर की गाड़ी दिखाई दी, हर झाड़ी स्वयंसेवक हो गयी। हर झाड़ी में स्वयंसेवक तिरंगा लेकर चिल्लाए "गवर्नर वापस जाओ"। इस अव्यवस्था को देखकर गवर्नर

---

32. दैनिक हिन्दुस्तान, 15 जुलाई, 1976, पृ० 3.
33. वानप्रस्थी प्राणनाथ, सरदार भगत सिंह, दिल्ली, पृ० 21-22।
34. मगन लाल, जिला बुलन्दशहर का इतिहास (बुलन्दशहर, 1965), पृ० 24।

हैली जिलाधिकारी श्री के॰ प्रसाद पर बहुत क्रुद्ध हुए। जिलाधिकारी ने देशभक्तों पर लाठी चार्ज करवा दिया जिसकी सारे देश में आलोचना हुई। इस घटना पर प्रतिक्रिया व्यक्त करते हुए पं॰ मोतीलाल नेहरू ने कहा "बुलन्दशहर का समाचार पत्र पढ़कर मेरा हृदय दहलता है। नागरिकों पर इस प्रकार लाठी चार्ज की घटनाओं को देखकर मुझे कहना पड़ता है कि बुलन्दशहर उत्तर प्रदेश का दूसरा "जालियां वाला बाग है।"[35]

सिकन्दराबाद के पं॰ रघुवर दयाल मिश्रा 250 स्वयंसेवकों को लेकर बुलन्दशहर के गांव-गांव में घूमे। खुर्जा के बशीर अहमद के नेतृत्व में नमक कानून तोड़ा गया और बुलन्दशहर में 10 मई, 1930 को श्री रूप बसन्त ने अंग्रेजों द्वारा प्रदत्त "राय बहादुर" की पदवी त्याग कर अपनी देशभक्ति का परिचय दिया।[36] अगस्त 1930 को बुलन्दशहर में राष्ट्रीय मेले का आयोजन किया गया।

बुलन्दशहर जनपद में बाबू बृज बिहारी लाल एडवोकेट का नलगढ़ा कृषि फार्म क्रान्तिकारियों का प्रशिक्षण केन्द्र था। यहां पर चन्द्रशेखर आजाद और भगत सिंह इत्यादि क्रान्तिकारी आते जाते रहते थे। श्री टीकम सिंह एवं श्री श्यामवीर सिंह जनपद के मुख्य क्रान्तिकारी थे।[37] 1938 में वैरा फिरोजपुर गाँव में जिला राजनैतिक सम्मेलन का आयोजन किया गया। 1940-41 व्यक्तिगत सविनय अवज्ञा आन्दोलन में बुलन्दशहर जनपद के 800 सत्यग्रहियों ने अपने आपको गिरफ्तार कराया।[38] भारत छोड़ो आन्दोलन (1942-43) में इस जनपद से जेल जाने वालों की संख्या असंख्य रही। 1946 के चुनाव के समय पं॰ जवाहरलाल नेहरू चुनाव प्रचार के लिये बुलन्दशहर पधारे। बुलन्दशहर जनपद की देशभक्त जनता ने भारतीय राष्ट्रीय कांग्रेस के प्रत्याशी एवं स्वतन्त्रता सेनानियों को बहुमत से निर्वाचित कराया।[39]

शताब्दियों की दासता के बाद 15 अगस्त, 1947 को बुलन्दशहर की जनता ने यह दिवस खुशियों के साथ मनाया। 1857 के प्रथम स्वाधीनता संग्राम से लेकर

---

35. मुन्शीलाल गुप्त, मेरा कांग्रेस से त्यागपत्र, (बुलन्दशहर, 1940) पृ॰ 11।
36. दैनिक हिन्दुस्तान, दिल्ली, 15 अगस्त, 1976।
37. स्वतन्त्रता संग्राम के सैनिक : संक्षिप्त परिचय-6, जिला बुलन्दशहर (लखनऊ : सूचना विभाग, उ॰ प्र॰ 1969), पृ॰ 'च'।
38. प्रमोद कुमार मित्तल, भारत के स्वाधीनता संग्राम में जनपद बुलन्दशहर का योगदान 1919-1942, पी-एच॰डी॰ शोध प्रबन्ध, मेरठ विश्वविद्यालय, 1998।
39. चिन्तामणि शुक्ला, बुलन्दशहर जनपद का राजनैतिक इतिहास (मथुरा, 1981) पृ॰ 255।

स्वाधीनता प्राप्ति तक प्रत्येक आन्दोलन में बुलन्दशहर जनपद के वीरों ने त्याग एवं बलिदान का अनूठा उदाहरण प्रस्तुत किया।

**बुलन्दशहर : सामाजिक परिवेश**

बुलन्दशहर जनपद का यदि सामाजिक दृष्टि से अध्ययन किया जाये तो पता चलता है कि जनपद में आज भी प्राचीन परम्पराओं का प्रचलन है। वैसे तो जनपद में हिन्दू, मुस्लिम, सिक्ख व ईसाई धर्मों के मानने वाले लोग रहते हैं लेकिन अधिकांश लोग हिन्दू धर्म के मानने वाले हैं। जनपद की कुल जनसंख्या 2468376 है। इस जनसंख्या में हिन्दू धर्म के मानने वालों की संख्या 2277189 है, अर्थात् जनपद की कुल जनसंख्या का 80.40 प्रतिशत हिन्दू हैं। इसके बाद मुस्लिम सम्प्रदाय के लोगों की बारी है। जनपद की कुल जनसंख्या में मुस्लिम धर्म के मानने वालों की संख्या 563850 है अर्थात् जनपद की कुल जनसंख्या का 19.40 प्रतिशत मुस्लिम सम्प्रदाय के लोग हैं। सिक्ख तथा ईसाई धर्म के माने वालों की संख्या 712 लगभग नगण्य है। अर्थात् जनपद की कुल जनसंख्या में सिक्ख व ईसाइयों की संख्या क्रमशः 3023 तथा 712 है।[40]

**तालिका 5.1**

**जनपद में विभिन्न धर्मों के मानने वाले लोगों का विवरण**

| *धर्म* | *जनसंख्या* | *प्रतिशत* |
|---|---|---|
| हिन्दू | 2277189 | 80.40 |
| मुस्लिम | 563850 | 19.40 |
| सिक्ख | 3023 | 0.10 |
| ईसाई | 712 | 0.00 |
| बौद्ध | 2808 | 0.10 |
| जैन | 1914 | – |

यदि लिंगानुपात की दृष्टि से जनपद का अध्ययन किया जाये तो पता चलता है कि जनपद का लिंगानुपात 857 है अर्थात् 1000 पुरुषों पर स्त्रियों की संख्या 857 है। जनपद में 1329120 पुरुष हैं जबकि स्त्रियों की संख्या 119250 हैं।[41]

---

40. सांख्यिकी पत्रिका, जनपद बुलन्दशहर, सांख्यिकी विभाग, बुलन्दशहर, 1999।

41. वही।

जनपद की सामाजिक स्थिति पुरुष प्रधान है। जनपद में महिलाओं की स्थिति दयनीय है। उन्हें कोई अधिकार प्राप्त नहीं है। एक स्त्री को घरेलू कार्यों के अलावा कृषि कार्य तथा पशुपालन में भी पुरुषों की सहायता करनी पड़ती है। इसके बावजूद भी स्त्रियों को पारिवारिक मामलों में निर्णय लेने का कोई अधिकार नहीं है। सभी निर्णय पुरुष वर्ग ही लेता है। इसका कारण स्त्रियों का शैक्षिक दृष्टि से पिछड़ा होना है। स्त्रियों को अधिक शिक्षा नहीं दी जाती है, केवल प्राथमिक शिक्षा ही उनके लिये उचित मानी जाती है। लेकिन स्वतन्त्रता के बाद से स्त्रियों की स्थिति में धीरे-धीरे सुधार हो रहा है। अब स्त्रियां अच्छी शिक्षा प्राप्त करने लगी हैं।

जनपद में बाल विवाह अब भी देखने को मिल जाते हैं। अधिकांश बाल विवाह ग्रामीण क्षेत्रों में देखने को मिलते हैं। विधवा विवाह का प्रचलन अभी पूर्ण रूप से नहीं हो पाया है। ग्रामीण क्षेत्रों में विधवा को अभी भी अच्छी नजरों से नहीं देखा जाता है। विवाह के अवसर पर दहेज प्रथा का प्रचलन जनपद में खूब चल रहा है। अधिकांश शादियों में दहेज दिया व लिया जाता है। उच्च वर्ग में यह प्रथा अधिक प्रचलित है।

जनपद में सभी त्यौहार पारम्परिक तरीकों से मनाये जाते हैं। हिन्दुओं के त्यौहारों में दीपावली, होली, रक्षा बन्धन, कृष्ण जन्माष्टमी, दशहरा आदि त्यौहार विशेष तौर से मनाये जाते हैं। दीपावली पर लोग आपस में गले मिलते हैं तथा घर-घर जाकर मिठाइयां बाँटते हैं। इसी प्रकार अन्य त्यौहारों पर भी लोग मिलकर खुशियाँ मनाते हैं। मुस्लिम सम्प्रदाय में अधिकतर ईदुल फितर, ईदुज्जुहा, बारहवफात, मोहर्रम आदि त्यौहार मनाये जाते हैं। वर्ष में एक बार मुस्लिम सम्प्रदाय के लोग एक माह तक रोजे भी रखते हैं। सिक्ख सम्प्रदाय के लोग गुरुनानक जयन्ती, गुरुगोविन्द सिंह जन्म दिन हर्षोल्लास के साथ मनाते हैं। गुरुद्वारों में पाठ होता है।

साम्प्रदायिक झगड़ों की दृष्टि से भी जनपद की स्थिति संवेदनशील है। जनपद में समय-समय पर हिन्दू-मुस्लिम झगड़े होते रहते हैं। यदि देश में कहीं पर भी इस प्रकार के झगड़े होते हैं तो बुलन्दशहर में भी उसकी चिंगारी पहुँच जाती है। जनपद का खुर्जा नगर इस प्रकार के झगड़ों के लिये प्रसिद्ध है।

### बुलन्दशहर : आर्थिक परिवेश

बुलन्दशहर जनपद की आर्थिक स्थिति राज्य में संतोषजनक कही जा सकती है। जनपद की कुल जनसंख्या में से 193743 जनसंख्या गाँवों में निवास करती है अर्थात् कुल जनसंख्या का 80 प्रतिशत ग्रामीण है। ग्रामीण जनसंख्या का मुख्य

व्यवसाय कृषि तथा पशुपालन है। राज्य में कृषि की दृष्टि से जनपद की स्थिति अच्छी कही जा सकती है। कृषि की अच्छी स्थिति के कारण जनपद में सिंचाई की अच्छी सुविधाओं का होना है। जनपद का 282 हजार हेक्टेयर क्षेत्रफल सकल सिंचित क्षेत्रफल है। जनपद के उत्तर में गंगा नदी बहती है तो दक्षिण में यमुना नदी। ऊपरी गंगनहर जनपद के बीचों-बीच से होकर गुजरती है जो सिंचाई के कार्य में लायी जाती है। जनपद में कुछ नहरों की लम्बाई 1291 कि॰मी॰ है। इसके अतिरिक्त 637 राजकीय नलकूप तथा 72347 पम्प सैट हैं जिनसे सिंचाई की जाती है। इस प्रकार जनपद में सिंचाई की अच्छी सुविधा होने के कारण भरपूर पैदावार होती है।

**तालिका 5.2**

**जनसंख्या की क्षेत्रवार स्थिति[42]**

| *विवरण* | *जनसंख्या* | *प्रतिशत* |
|---|---|---|
| ग्रामीण | 1937430 | 79.20 |
| नगरीय | 530940 | 20.80 |
| कुल | 2850000 | 100.00 |

जनपद की मुख्य फसल गेहूँ है। गेहूँ की पैदावार में जनपद का राज्य में प्रथम स्थान है। यहाँ 205880 हेक्टेयर क्षेत्रफल पर गेहूँ की खेती होती है। जनपद में सन् 1993-94 में 742663 मी॰ टन गेहूँ का उत्पादन हुआ। अन्य फसलों में गन्ना, आलू, मक्का, चावल, जौ, सरसों, ज्वार, बाजरा, अरहड़, मटर, चना, मूँग, उरद आदि की खेती भी की जाती है। मुख्य फसलों का विवरण निम्नलिखित तालिका में दिया जा रहा है।

42. सतीश कुमार, शोध ग्रन्थ "स्थानीय स्तर पर राजनीतिक दलों की भूमिका" (जनपद बुलन्दशहर का एक अध्ययन), 1997, पृ॰ 56।

**तालिका 5.3**

**मुख्य फसलों का क्षेत्रवार विवरण**[43]

| *फसल का नाम* | *क्षेत्रफल (हेक्टेयर में)* | *उत्पादन (मी॰ टन में)* |
|---|---|---|
| गेहूँ | 205880 | 742663 |
| मक्का | 131252 | 262504 |
| जौ | 24255 | 830131 |
| गन्ना | 45081 | 2618806 |
| बाजरा | 14495 | 17059 |
| ज्वार | 3979 | 2549 |
| आलू | 5449 | 113853 |
| सरसों | 16959 | 16873 |
| उड़द | 2138 | 1002 |
| मसूर | 3711 | 2315 |
| अरहर | 11086 | 9220 |
| मूंग | 4466 | 2511 |
| मटर | 4177 | 6639 |
| चना | 6368 | 2383 |
| कपास | 1590 | 310 |

पशुपालन व्यवसाय भी गांवों में बड़े पैमाने पर किया जाता है। अधिकांश लोग दुधारू तथा कृषि क्षेत्र में काम आने वाले पशुओं को पालते हैं तथा दुधारू पशुओं में भैंस, गाय तथा बकरी पालते हैं तथा कृषि काम के लिए भैंसा, बैल आदि पशु पालते हैं। गांव में दूध पर आधारित उद्योग हैं–डेरी, घी, पनीर आदि।

औद्योगिक दृष्टि से देखा जाये तो जनपद में कोई भी बड़ा उद्योग नहीं है। लेकिन लघु उद्योगों का जनपद में बड़े पैमाने पर विकास हुआ है। जनपद में लघु उद्योगों की संख्या 10370 है। इन उद्योगों में 51012 व्यक्ति कार्यरत हैं।[44] इस प्रकार जनपद की कुल जनसंख्या का 2 प्रतिशत इन लघु उद्योगों पर निर्भर है।

43. सतीश कुमार, शोध ग्रन्थ "स्थानीय स्तर पर राजनीतिक दलों की भूमिका" (जनपद बुलन्दशहर का एक अध्ययन), 1997, पृ॰ 56।

44. वही, पृ॰ 56।

जनपद के खुर्जा नगर में चीनी-मिट्टी के बर्तन, खिलौने तथा अन्य समान बनाने के अनेक कारखाने हैं। इन उद्योगों में बड़ी संख्या में अशिक्षित ग्रामीण लोग कार्यरत हैं। सिकन्दराबाद तथा बुलन्दशहर पगड़ियों के लिये प्राचीन समय से जाने जाते हैं। जेवर, कालीन बुनाई के लिये प्रसिद्ध है। यहां के कालीन देश भर में प्राचीन काल से पसन्द किये जाते हैं। जनपद का शिकारपुर कस्बा गाढ़ा, सूती कपड़ा तथा चमड़े की जूतियों के लिये प्रसिद्ध है। खुर्जा की खुरचन मिठाई में प्रसिद्ध रही है।[45] बुलन्दशहर में बिजली का समान बनाने का कारखाना है। बुलन्दशहर की पन्नी शुगर मिल भी वर्ष में 2 लाख बोरी चीनी बनाती है। यही पर पीतल गलाकर सामान बनता रहा है। जहांगीराबाद का छपाई का कार्य काफी दिनों से प्रसिद्ध रहा है। छपाई का बड़े पैमाने पर यहां कार्य होता है। जहांगीराबाद में शुगर मिल का कारखाना भी है। शुगर का एक कारखाना बुलन्दशहर के निकट अगौता में भी कार्य कर रहा है। डिवाई में मिट्टी के बर्तन बनाने के कारखाने हैं, नरौरा में भारतवर्ष का चौथा अणु शक्ति विद्युत केन्द्र स्थापित किया गया। 13 जनवरी, 1975 प्रधानमंत्री स्व॰ श्रीमती इंदिरा गांधी ने इस केन्द्र की स्थापना की। इसकी स्थापना से नरौरा उपनगर ने भारत के प्रमुख औद्योगिक नगरों में स्थान प्राप्त कर लिया है।

## बुलन्दशहर राजनीतिक दलों का परिचय

स्वतन्त्रता प्राप्ति के बाद भारत में 1952 में प्रथम आम चुनाव हुए। इन चुनावों में प्रमुख दल भारतीय राष्ट्रीय कांग्रेस थी। प्रथम आम चुनावों में लोकसभा तथा राज्यों की विधान सभाओं में इस दल को भारी सफलता प्राप्त हुई। सफलता का प्रमुख कारण भारतीय राष्ट्रीय कांग्रेस का सबसे पुराना होना था। नये दलों से जनता न तो अच्छी प्रकार से परिचित ही थी और न ही जनता को इन दलों पर विश्वास ही था।

बुलन्दशहर जनपद में भी भारतीय राष्ट्रीय कांग्रेस एकमात्र दल के रूप में उभर कर आयी। बुलन्दशहर जनपद की दोनों लोक सभा सीटों पर तथा विधान सभा की सभी सीटों पर उसको सफलता मिली। 1952 के प्रथम चुनाव में इस जनपद की बुलन्दशहर लोकसभा सीट पर भारतीय राष्ट्रीय कांग्रेस के पं॰ रघुबर दयाल मिश्रा विजयी हुए। अनुसूचित जाति के लिये सुरक्षित खुर्जा सीट पर श्री कन्हैयालाल बाल्मीकि विजयी हुए।[46] जनपद की सभी (10) विधानसभा सीटों पर भारतीय राष्ट्रीय कांग्रेस को ही सफलता मिली।

---

45. वही।

46. उत्तर प्रदेश विधान सभा पुस्तकालय, लखनऊ से शोधकर्ता द्वारा प्राप्त सूचना।

**तालिका 5.4**

**जनपद बुलन्दशहर में 1952 से 2004 तक लोकसभा स्थानों का विवरण**

| *वर्ष* | *सांसद का नाम* | *निर्वाचन क्षेत्र* | *राजनीतिक दल* |
|---|---|---|---|
| 1952 | श्री कन्हैया लाल बाल्मीकी | खुर्जा (सु० अनु० जाति) | भारतीय रा० कांग्रेस |
| 1952 | पं० रघुबर दयाल मिश्रा | बुलन्दशहर | भारतीय रा० कांग्रेस |
| 1957 | श्री कन्हैया लाल बाल्मीकी | खुर्जा (सु० अनु० जाति) | भारतीय रा० कांग्रेस |
| 1957 | पं० रघुबर दयाल मिश्रा | बुलन्दशहर | भारतीय रा० कांग्रेस |
| 1962 | श्री कन्हैया लाल बाल्मीकी | खुर्जा (सु० अनु० जाति) | भारतीय रा० कांग्रेस |
| 1962 | पं० रघुबर दयाल मिश्रा | बुलन्दशहर | भारतीय रा० कांग्रेस |
| 1967 | श्री रामचरण | खुर्जा (सु० अनु० जाति) | प्रजा समाजवादी दल |
| 1967 | श्री सुरेन्द्र पाल सिंह | बुलन्दशहर | भारतीय रा० कांग्रेस |
| 1971 | श्री हरी सिंह | खुर्जा (सु० अनु० जाति) | कांग्रेस (नयी) |
| 1971 | सुरेन्द्र पाल सिंह | बुलन्दशहर | कांग्रेस (नयी) |
| 1977 | श्री मोहन लाल पिपिल | खुर्जा (सु० अनु० जाति) | जनता पार्टी |
| 1977 | श्री महमूद हसन खान | बुलन्दशहर | जनता पार्टी |
| 1980 | श्री त्रिलोक चन्द | खुर्जा (सु० अनु० जाति) | जनता (एस) |
| 1980 | श्री महमूद हसन खान | बुलन्दशहर | जनता (एस) |
| 1985 | श्री वीर सेन | खुर्जा (सु० अनु० जाति) | कांग्रेस (इ) |
| 1985 | श्री सुरेन्द्र पाल सिंह | बुलन्दशहर | कांग्रेस (इ) |
| 1989-90 | श्री भगवान दास | खुर्जा (सु० अनु० जाति) | जनता दल |
| 1989-90 | श्री सरवन हुसैन | बुलन्दशहर | जनता दल |
| 1991 | श्री रोशन लाल | खुर्जा (सु० अनु० जाति) | जनता दल |
| 1991 | श्री छत्तर पाल सिंह | बुलन्दशहर | भारतीय जनता पार्टी |
| 1996 | श्री अशोक प्रधान | खुर्जा (सु० अनु० जाति) | भारतीय जनता पार्टी |
| 1996 | श्री छत्तर पाल सिंह | बुलन्दशहर | भारतीय जनता पार्टी |
| 1998 | श्री अशोक प्रधान | खुर्जा (सु० अनु० जाति) | भारतीय जनता पार्टी |
| 1998 | श्री छत्तर पाल सिंह | बुलन्दशहर | भारतीय जनता पार्टी |
| 2004 | श्री अशोक प्रधान | खुर्जा (सु० अनु० जाति) | भारतीय जनता पार्टी |
| 2004 | श्री कल्याण सिंह | बुलन्दशहर | भारतीय जनता पार्टी |

**तालिका 5.5**

**जनपद बुलन्दशहर में 1952 से 2002 तक विधानसभा स्थानों का विवरण**

| *वर्ष* | *विधायक का नाम* | *निर्वाचन क्षेत्र* | *राजनीतिक दल* |
|---|---|---|---|
| 1 | 2 | 3 | 4 |
| 1952 | श्री इरजता हुसैन | बुलन्दशहर (उ०-प०) | भारतीय रा० कांग्रेस |
| 1952 | श्री केवल सिंह | सिकन्दराबाद (पूर्व) | भारतीय रा० कांग्रेस |
| 1952 | श्री किशन स्वरूप भटनागर | खुर्जा (संयुक्त क्षेत्र) | भारतीय रा० कांग्रेस |
| 1952 | श्री दीनदयाल शर्मा | अनूपशहर (उत्तर) | भारतीय रा० कांग्रेस |
| 1952 | श्री देवदत्त शर्मा | अनूपशहर (उत्तर) | भारतीय रा० कांग्रेस |
| 1952 | श्री धर्म सिंह | बुलन्दशहर (दक्षिण) | भारतीय रा० कांग्रेस |
| 1952 | श्री बनारसी दास | बुलन्दशहर | भारतीय रा० कांग्रेस |
| 1952 | श्री भीमसेन | खुर्जा | भारतीय रा० कांग्रेस |
| 1952 | श्री मोहन सिंह | बुलन्दशहर (उ०-पू०) | भारतीय रा० कांग्रेस |
| 1952 | श्री रामचन्द्र विकल | सिकन्दराबाद (पश्चिम) | भारतीय रा० कांग्रेस |
| 1957 | श्री इरतजा हुसैन | स्याना | भारतीय रा० कांग्रेस |
| 1957 | श्री गोपाली | खुर्जा (संयुक्त क्षेत्र) | निर्दलीय |
| 1957 | श्री छत्तर सिंह | खुर्जा | समाजवादी दल |
| 1957 | श्री जगवीर सिंह तेवतिया | अगौता | प्रजा समाजवादी दल |
| 1957 | श्री दीन दयाल शर्मा | अनूपशहर (संयुक्त क्षेत्र) | भारतीय रा० कांग्रेस |
| 1957 | श्री धर्म सिंह | अनूपशहर | भारतीय रा० कांग्रेस |
| 1957 | श्री रघुराज सिंह | बुलन्दशहर | प्रजा समाजवादी दल |
| 1957 | श्री रामचन्द्र विकल | सिकन्दराबाद | भारतीय रा० कांग्रेस |
| 1957 | श्रीमती सत्यवती रावल | दादरी | भारतीय रा० कांग्रेस |
| 1957 | श्री हिम्मत सिंह | डिबाई | भारतीय जनसंघ |
| 1962 | श्री इरतजा हुसैन | बुलन्दशहर | भारतीय रा० कांग्रेस |
| 1962 | श्री चुन्नी लाल शर्मा | अनूपशहर | भारतीय रा० कांग्रेस |
| 1962 | श्री जगवीर सिंह तेवतिया | अगौता | भारतीय रा० कांग्रेस |
| 1962 | श्री जसराम सिंह | जेवर (सु० अनु० जाति) | भारतीय रा० कांग्रेस |

| 1 | 2 | 3 | 4 |
|---|---|---|---|
| 1962 | श्री धर्म सिंह | छतारी (सु० अनु० जाति) | भारतीय रा० कांग्रेस |
| 1962 | श्री बनारसी दास | सिकन्दराबाद | भारतीय रा० कांग्रेस |
| 1962 | श्री महावीर सिंह | खुर्जा | भारतीय रा० कांग्रेस |
| 1962 | श्री मुमताज मौ० खान | स्याना | भारतीय रा० कांग्रेस |
| 1962 | श्री हिम्मत सिंह | डिबाई | भारतीय जनसंघ |
| 1967 | श्री जगवीर सिंह सिरोही | अगौता | भारतीय रा० कांग्रेस |
| 1967 | श्री तेज सिंह | दादरी | भारतीय रा० कांग्रेस |
| 1967 | श्री बनारसी दास | खुर्जा | भारतीय रा० कांग्रेस |
| 1967 | श्री रामचन्द्र विकल | सिकन्दराबाद | भारतीय रा० कांग्रेस |
| 1967 | श्री धर्म सिंह | छतारी (सु० अनु० जाति) | भारतीय रा० कांग्रेस |
| 1967 | श्री ध्रुव कुमार दीक्षित | अनूपशहर | भारतीय जनसंघ |
| 1967 | श्री हिम्मत सिंह | डिबाई | भारतीय जनसंघ |
| 1967 | श्री नेमपाल सिंह | स्याना | प्रजा समाजवादी दल |
| 1967 | श्री शमीम आलम | बुलन्दशहर | भारतीय रिपब्लिकन |
| 1967 | श्री हरी सिंह | जेवर (सु० अनु० जाति) | स्वतंत्र एवं निर्दलीय |
| 1969 | श्री खचेडू सिंह मौहरिया | अनूपशहर | भारतीय रा० कांग्रेस |
| 1969 | श्री जगवीर सिंह सिरोही | अगौता | भारतीय रा० कांग्रेस |
| 1969 | श्री धर्म सिंह | जेवर (सु० अनु० जाति) | भारतीय क्रान्ति दल |
| 1969 | श्री मुमताज मौ० खान | स्याना | भारतीय रा० कांग्रेस |
| 1969 | श्री रघुराज सिंह | खुर्जा | भारतीय क्रान्ति दल |
| 1969 | श्री रामचन्द्र विकल | दादरी | किसान मजदूर दल |
| 1969 | श्री विरेन्द्र स्वरूप भटनागर | सिकन्दराबाद | निर्दलीय |
| 1969 | श्री शमीम आलम | बुलन्दशहर | भारतीय रिपब्लिकन |
| 1969 | श्री हिम्मत सिंह | डिबाई | भारतीय जनसंघ |
| 1969 | श्री त्रिलोक चन्द्र | छतारी (सु० अनु० जाति) | भारतीय क्रान्ति दल |
| 1974 | श्री ईश्वरी सिंह | खुर्जा | कांग्रेस (संगठन) |
| 1974 | श्री ऐदल सिंह | जेवर (सु० अनु० जाति) | कांग्रेस (नयी) |

| 1 | 2 | 3 | 4 |
|---|---|---|---|
| 1974 | श्री खचेडू सिंह मौहरिया | अनूपशहर | कांग्रेस (नयी) |
| 1974 | श्री तेज सिंह | दादरी | कांग्रेस (संगठन) |
| 1974 | श्री धर्म सिंह | शिकारपुर (सु० अनु० जाति) | कांग्रेस (नयी) |
| 1974 | श्री मुमताज मौ० खान | स्याना | कांग्रेस (नयी) |
| 1974 | श्री विरेन्द्र स्वरूप भटनागर | सिकन्दराबाद | कांग्रेस (संगठन) |
| 1974 | श्री विक्रम सिंह | अगौता | भारतीय लोकदल |
| 1974 | श्री सत्यवीर यादव | बुलन्दशहर | भारतीय जनसंघ |
| 1974 | श्री हिम्मत सिंह | डिबाई | भारतीय जनसंघ |
| 1977 | श्री श्री आरिफ मौ० खान | स्याना | जनता पार्टी |
| 1977 | श्री ऐदल सिंह | जेवर (सु० अनु० जाति) | जनता पार्टी |
| 1977 | श्री गजेन्द्र सिंह | अगौता | जनता पार्टी |
| 1977 | श्री तेज सिंह | दादरी | जनता पार्टी |
| 1977 | श्री प्रताप सिंह भाटी | सिकन्दराबाद | जनता पार्टी |
| 1977 | श्री बनारसीदास | खुर्जा | जनता पार्टी |
| 1977 | श्री बेनी प्रसाद माधव | अनूपशहर | जनता पार्टी |
| 1977 | श्री विजय राज सिंह | बुलन्दशहर | जनता पार्टी |
| 1977 | श्री हिम्मत सिंह | डिबाई | जनता पार्टी |
| 1977 | श्री त्रिलोक सिंह | शिकारपुर (सु० अनु० जाति) | जनता पार्टी |
| 1980 | श्री किरनपाल सिंह | अगौता | जनता (एस०) चरण सिंह |
| 1980 | डॉ० छत्रपाल सिंह | स्याना | जनता (एस०) चरण सिंह |
| 1980 | श्री धर्म सिंह | शिकारपुर | कांग्रेस (इ) |
| 1980 | श्री नेमपाल | डिबाई | कांग्रेस (इ) |
| 1980 | श्री प्रवीन कुमार शर्मा | अनूपशहर (सु०) | कांग्रेस (इ) |
| 1980 | श्री बुद्धपाल सिंह | खुर्जा | कांग्रेस (इ) |
| 1980 | श्री यशपाल सिंह | सिकन्दराबाद | कांग्रेस (इ) |
| 1980 | श्री सईदुल हसन | बुलन्दशहर | कांग्रेस (इ) |
| 1980 | श्री हरि सिंह | जेबर (सु०) | कांग्रेस (इ) |

| 1 | 2 | 3 | 4 |
|---|---|---|---|
| 1985 | श्री किरन पाल सिंह | अगौता | कांग्रेस (इ) |
| 1985 | श्री इम्तियाज मौ॰ खान | स्याना | कांग्रेस (इ) |
| 1985 | श्री प्रवीन कुमार | अनूपशहर | कांग्रेस (इ) |
| 1985 | श्री बुद्धपाल सिंह | खुर्जा | कांग्रेस (इ) |
| 1985 | श्री रतन स्वरूप 'राही' | जेवर (सु॰) | कांग्रेस (इ) |
| 1985 | श्री राजेन्द्र सिंह सोलंकी | सिकन्दराबाद | कांग्रेस (इ) |
| 1985 | श्री सईदुल हसन | बुलन्दशहर | कांग्रेस (इ) |
| 1985 | श्रीमती हितेश कुमारी | डिबाई | कांग्रेस (इ) |
| 1985 | श्री त्रिलोक चन्द | शिकारपुर | कांग्रेस (ई) |
| 1989-90 | श्री किरन पाल सिंह | अगौता | जनता दल |
| 1989-90 | श्री इम्तियाज मौ॰ खान | स्याना | भारतीय रा॰ कांग्रेस |
| 1989-90 | श्री होशियार | अनूपशहर | जनता दल |
| 1989-90 | श्री रविन्द्र राघव (पप्पन) | खुर्जा | जनता दल |
| 1989-90 | श्री ऐदल सिंह | जेवर | जनता दल |
| 1989-90 | श्री नरेन्द्र सिंह भाटी | सिकन्दराबाद | जनता दल |
| 1989-90 | श्री धर्मपाल | बुलन्दशहर | जनता दल |
| 1989-90 | श्री नेमपाल | डिबाई | जनता दल |
| 1989-90 | श्री गंगाराम | सिकन्दराबाद | जनता दल |
| 1989-90 | श्री महेन्द्र सिंह भाटी | दादरी | जनता दल |
| 1991 | श्री वासुदेव सिंह | स्याना | भारतीय जनता पार्टी |
| 1991 | श्री नवल किशोर | अनूपशहर | भारतीय जनता पार्टी |
| 1991 | श्री हरपाल सिंह | खुर्जा | भारतीय जनता पार्टी |
| 1991 | श्री होराम सिंह | जेवर | निर्दलीय |
| 1991 | श्री नरेन्द्र सिंह भाटी | सिकन्दराबाद | जनता दल |
| 1991 | श्री धर्मपाल यादव | बुलन्दशहर | समाजवादी पार्टी |
| 1991 | श्री राम सिंह | डिबाई | भारतीय जनता पार्टी |
| 1991 | श्री रामप्रसाद | शिकारपुर | समाजवादी पार्टी |

| 1 | 2 | 3 | 4 |
|---|---|---|---|
| 1991 | श्री महेन्द्र सिंह भाटी | दादरी | जनता दल |
| 1993 | श्री वासुदेव सिंह | स्याना | भारतीय जनता पार्टी |
| 1993 | श्री नवल किशोर | अनूपशहर | भारतीय जनता पार्टी |
| 1993 | श्री हरपाल सिंह | खुर्जा | भारतीय जनता पार्टी |
| 1993 | श्री किरन पाल सिंह | अगौता | जनता दल |
| 1993 | श्री लक्ष्मी चन्द | जेवर | भारतीय जनता पार्टी |
| 1993 | श्री विरेन्द्र पाल सिंह | सिकन्दराबाद | भारतीय जनता पार्टी |
| 1993 | श्री धर्मपाल यादव | बुलन्दशहर | समाजवादी पार्टी |
| 1993 | श्री राम सिंह | डिबाई | भारतीय जनता पार्टी |
| 1993 | श्री राम प्रसाद | शिकारपुर | भारतीय जनता पार्टी |
| 1996 | श्री श्री राकेश त्यागी | स्याना | कांग्रेस |
| 1996 | श्री सतीश शर्मा | अनूपशहर | कांग्रेस |
| 1996 | श्री हरपाल सिंह | खुर्जा | भारतीय जनता पार्टी |
| 1996 | श्री होराम सिंह | जेवर | भारतीय जनता पार्टी |
| 1996 | श्री नरेन्द्र सिंह भाटी | सिकन्दराबाद | समाजवादी पार्टी |
| 1996 | श्री महेन्द्र सिंह | बुलन्दशहर | भारतीय जनता पार्टी |
| 1996 | श्री राम सिंह | डिबाई | भारतीय जनता पार्टी |
| 1996 | श्री महेन्द्र कुमार | शिकारपुर | भारतीय जनता पार्टी |
| 1996 | श्री विरेन्द्र सिंह सिरोही | अगौता | भारतीय जनता पार्टी |
| 2002 | श्री सुन्दर सिंह | स्याना | राष्ट्रीय क्रान्ति पार्टी |
| 2002 | श्री होशियार सिंह | अनूपशहर | निर्दलीय |
| 2002 | श्री अनिल कुमार शर्मा | खुर्जा | बहुजन पार्टी |
| 2002 | श्री वेदराम भाटी | सिकन्दराबाद | बहुजन पार्टी |
| 2002 | श्री महेन्द्र सिंह यादव | बुलन्दशहर | भारतीय जनता पार्टी |
| 2002 | श्री राजबीर सिंह | डिबाई (उपचुनाव) | राष्ट्रीय क्रान्ति पार्टी |
| 2002 | श्री मुन्शी लाल | शिकारपुर | भारतीय जनता पार्टी |
| 2002 | प्रो॰ किरण पाल | अगौता | सपा |

फरवरी-मार्च 1957 में द्वितीय आम चुनाव हुए। जनपद से लोकसभा की दोनों सीटों (बुलन्दशहर तथा खुर्जा सुरक्षित) पर भारतीय राष्ट्रीय कांग्रेस के पुराने उम्मीदवारों ने ही सफलता प्राप्त की।[47] जनपद की 10 विधानसभा सीटों में से पार्टी को 5 पर सफलता प्राप्त हुई जबकि दो सीटों पर 'प्रजा समाजवादी दल' तथा 1-1 सीट पर भारतीय जनसंघ, समाजवादी दल और निर्दलीय उम्मीदवारों को सफलता मिली।

तृतीय आम चुनाव 1962 में जनपद की दोनों लोकसभा सीटों पर पुरानी स्थिति को दोहराया गया। दोनों सीटों पर भारतीय राष्ट्रीय कांग्रेस के पुराने उम्मीदवार पं० रघुवर दयाल मिश्रा तथा श्री कन्हैयालाल बाल्मीकी निर्वाचित हुए। विधानसभा में 1962 की तुलना में पार्टी की स्थिति में सुधार हुआ। इस बार जनपद की 9 विधानसभा सीटों में से सात भारतीय राष्ट्रीय कांग्रेस के हिस्से में आयीं तथा दो सीटों पर भारतीय जनसंघ तथा संयुक्त समाजवादी दल के प्रत्याशी घोषित किये गये।

चतुर्थ आम चुनाव 1967 में स्थिति में परिवर्तन आया। बुलन्दशहर जनपद में इस दल की स्थिति पहले के मुकाबले थोड़ी नीचे खिसकी। लोकसभा की दोनों में से केवल एक सीट ही पार्टी को मिली। इस पार्टी के उम्मीदवार श्री सुरेन्द्र पाल सिंह बुलन्दशहर सीट पर निर्वाचित हुए जबकि खुर्जा सीट पर प्रजा समाजवादी दल के उम्मीदवार श्री रामचरन ने सफलता प्राप्त की। जनपद की 10 विधान सभा सीटों में पार्टी को केवल 5 सीटें ही प्राप्त हुई। शेष सीटों में से दो भारतीय जनसंघ तथा एक-एक सीट पर प्रजा समाजवादी दल, भारतीय रिपब्लिक दल तथा निर्दलीय ने सफलता प्राप्त की।

फरवरी 1969 में मध्यावधि चुनाव हुए। इस बार भारतीय राष्ट्रीय कांग्रेस की जनपद में बुरी तरह हार हुई। जनपद की 10 विधानसभा सीटों में पार्टी को केवल तीन सीट ही प्राप्त हुई। शेष सीटों में तीन भारतीय क्रान्ति दल, एक-एक सीट पर भारतीय मजदूर दल, भारतीय रिपब्लिक दल, भारतीय जनसंघ तथा निर्दलीय ने सफलता प्राप्त की।

सन् 1969 में भारतीय राष्ट्रीय कांग्रेस में विभाजन हो गया। 1971 में हुए लोकसभा चुनावों में जनपद की दोनों सीटों पर नयी कांग्रेस को सफलता मिली। जनपद की बुलन्दशहर सीट पर नई कांग्रेस के उम्मीदवार श्री सुरेन्द्र पाल सिंह सफल घोषित हुए। खुर्जा (सुरक्षित) सीट पर नई कांग्रेस के ही श्री हरि सिंह

---

47. उत्तर प्रदेश विधान सभा पुस्तकालय, लखनऊ से शोधकर्ता द्वारा प्राप्त सूचना।

विजयी हुए।

1974 में विधान सभा चुनावों में जनपद की 10 विधानसभा सीटों में से नई कांग्रेस को तीन तथा इसी पार्टी से बनी दूसरी पार्टी कांग्रेस संगठन को केवल दो सीटें ही प्राप्त हुई शेष सीटों में से भारतीय लोकदल को तीन, भारतीय जनसंघ को दो सीटें प्राप्त हुई।

1977 के लोकसभा चुनावों में कांग्रेस को जनपद में एक भी सीट नहीं मिली। दोनों सीटें जनता पार्टी को प्राप्त हुई। 1977 के विधानसभा चुनावों में भी कांग्रेस की बहुत बुरी हार हुई। पार्टी को जनपद की 10 सीटों में से एक भी सीट प्राप्त नहीं हुई। सभी सीटें जनता पार्टी ने जीत ली।[48]

1980 के लोक सभा चुनावों में जनपद की दोनों सीटें जनता (एस) के हिस्से में आयी। जबकि विधान सभा चुनावों में कांग्रेस की स्थिति में सुधार आया। जनपद की 9 विधान सभा सीटों में कांग्रेस को 7 तथा जनता (एस) चरण सिंह को 2 सीटें प्राप्त हुई।

1985 के चुनावों में कांग्रेस की स्थिति मजबूत हुई। जनपद की दोनों लोकसभा सीटों पर कांग्रेस के उम्मीदवार विजयी हुए। जबकि विधान सभा के 9 स्थानों में से 8 पर कांग्रेस को तथा एक स्थान पर लोकदल को विजय मिली।

1989-90 के चुनावों में स्थिति ने फिर पलटा खाया। लोकसभा की दोनों सीटों पर लोकदल को सफलता मिली। जबकि विधानसभा के 10 स्थानों में से 9 स्थान जनता दल को प्राप्त हुए। जबकि एक स्थान पर कांग्रेस को सफलता मिली।

1991 के मध्यावधि चुनावों में जनपद की सभी पार्टियों को मिश्रित सफलता प्राप्त हुई। जनपद की दो लोकसभा सीटों में से एक जनता दल व दूसरी भारतीय जनता पार्टी को प्राप्त हुई। विधानसभा के 9 स्थानों में से 5 पर भारतीय जनता पार्टी, 2 पर समाजवादी पार्टी तथा 2 पर जनता दल को सफलता मिली।

1993 के विधान सभा चुनावों में जनपद की 9 विधानसभा सीटों में से भारतीय जनता पार्टी को 7 पर तथा एक-एक पर जनता दल व समाजवादी पार्टी को सफलता मिली।

1996 के लोकसभा चुनावों में जनपद की दोनों सीटों पर भारतीय जनता पार्टी को सफलता मिली। जबकि विधान सभा की 9 सीटों में से एक सीट पर समाजवादी पार्टी को सफलता मिली।

---

48. उत्तर प्रदेश विधान सभा पुस्तकालय, लखनऊ से शोधकर्ता द्वारा प्राप्त सूचना।

फरवरी 2002 के लोकसभा चुनावों में जनपद की दो सीटों पर भारतीय जनता पार्टी को सफलता मिली। जबकि दो सीटों पर बहुजन समाजवादी पार्टी को, दो सीटों पर राष्ट्रीय क्रान्ति दल व एक-एक सीट पर समाजवादी पार्टी व निर्दलीय को सफलता प्राप्त हुई।

इस प्रकार हम देखते हैं कि जनपद में जहां 1977 तक कांग्रेस का वर्चस्व रहा वहीं 1977 में जनता पार्टी का, 1989-90 में लोकदल का तथा 1991 में भाजपा का, 1993 में भी भाजपा का ही वर्चस्व रहा, जबकि 2002 में सभी दलों को लगभग समान सीटें प्राप्त हुई व अप्रैल-मई 2004 के लोकसभा चुनाव में भारतीय जनता पार्टी का वर्चस्व रहा।

# 6

# आंतरिक सुरक्षा : पुलिस की क्षमता का मूल्यांकन

पुलिस बल आपराधिक न्याय व्यवस्था की प्राथमिक इकाई है। आपराधिक न्यायिक व्यवस्था शब्द का प्रयोग सर्वप्रथम सन् 1967 में संयुक्त राज्य अमेरिका के विधि आयोग के प्रतिवेदन में किया गया। इसके अर्न्तगत आपराधिक न्याय व्यवस्था को एक जटिल प्रक्रिया के रूप में स्वीकार किया गया। यह व्यवस्था सामाजिक, आर्थिक, धार्मिक, सांस्कृतिक, राजनैतिक एवम् विकासशील पर्यावरण में गतिशील होती है। वर्तमान सन्दर्भ में पर्यावरण उस व्यवस्था का नाम है जो आन्तरिक तथा बाह्य चरों की क्रिया और प्रतिक्रिया से उद्‌जनित होता है। दूसरे शब्दों में सामाजिक, आर्थिक, धार्मिक, सांस्कृतिक एवम् राजनीतिक गतिविधियां एक दूसरे से प्रभावित होती हैं अथवा उन्हें प्रभावित करती रहती हैं। इस पारस्परिक प्रभाव के कारण अपराध अथवा आपराधिक गतिविधियों की संरचना होती है। यदि उपरोक्त चर सकारात्मक पर्यावरण का विकास करते हैं तो आपराधिक गतिविधियाँ अपेक्षाकृत कम हो जाती हैं और समाज शान्तिपूर्ण पर्यावरण में जीवित रहता है।[1] सामाजिक रीति-रिवाज और प्रथाएं सामाजिक और वैधानिक प्रावधान समाज को सन्तुलन में रखने की चेष्टा करते हैं। किन्तु उपरोक्त चरों की क्रिया-प्रतिक्रिया से जिन बाह्य एवं आन्तरिक दवाबों का निर्माण होता है, तनाव बनते हैं, वे व्यक्तिगत एवं सामूहिक रूप से व्यक्तियों को नियम और कानून को भंग करने के लिए प्रोत्साहित करते हैं जिससे कानून व्यवस्था बनाने में कठिनाई होती है यही अन्त में अपराध और अपराधियों को जन्म देती है।

1. Sankar Sen : Police Crime-I "Social Factors and Legal Hurdles", Statesman, 15 Apr., 1994.

किंचित विस्तार से यदि उपरोक्त की व्याख्या की जाए तो सामाजिक एवं राजनीतिक संघर्ष के परिणामस्वरूप, सामाजिक अपराध यथा महिलाओं एवम् शिशुओं के विरुद्ध अपराध, अल्पसंख्यक, पिछड़ा वर्ग एवं अनुसूचित जातियों के विरुद्ध अपराध तथा उपरोक्त के संघर्ष के परिणामस्वरूप साम्प्रदायिक दंगों की विभीषिका उत्पन्न होती है। यहां यह उल्लेखनीय है कि स्वातन्त्र्योत्तर सरकारी नीतियों एवं संवैधानिक व्यवस्था के कारण चतुर्दिक जो सामाजिक परिवर्तन अनुभव किया जा रहा है उसने जातीय संघर्ष, धार्मिक एवं सामुदायिक तनाव, सांस्कृतिक भिन्नताएं उत्पन्न की हैं जिसने सामाजिक एकीकरण को प्रभावित किया है। दूसरी ओर निरन्तर बढ़ती हुई शिक्षा जहां सतुल्य है वही शिक्षित बेरोजगारों की फौज उत्पन्न करने में उसकी अहम् भूमिका है जो अन्ततः तनावपूर्ण सामाजिक पर्यावरण का निर्माण करती है। इसी प्रकार उत्तरोत्तर सीमित भूमि और बढ़ती हुई जनसंख्या ने कृषि के क्षेत्र में इतना दबाव बनाया है कि आये दिन कृषि जनित अपराध अखबारों की सुर्खियाँ बन गए हैं। उद्योगों में समुचित उत्पाद न होना अथवा उत्पादनों का विक्रय न होना, मिल मालिकों की अधिकाधिक लाभ कमाने की प्रवृत्ति आदि के कारण, मजदूरों को समय से वांछित मजदूरी न मिलना, आर्थिक तनाव का कारण है। असन्तुलित नगरीकरण और नागरिक सुविधाओं की प्राप्ति न होना एक अन्य कारण है।[2] राजनैतिक दृष्टि से राष्ट्रीय स्तर से लेकर स्थानीय स्तर तक अनेक दालों का होना विशेषतः उनके क्षेत्र, धर्म, जातीय सम्प्रदाय आदि के आधार पर गठित होना अथवा उक्त पुष्टि करना, वातावरण को तनावपूर्ण करने में सम्बल रहा है। इसलिए राजनीति का अपराधीकरण व अपराध का राजनीतिकरण भारत में विगत दशकों में तीव्र हुआ है। पारम्परिक अपराधों के सिद्धान्त सम्पत्ति और धन को प्राप्ति करने के छद्म प्रयास अथवा आर्थिक अपराधों जैसे धोखाधड़ी, मिलावट, तस्करी, कालाबाजारी, उत्पादन को अवैधानिक रूप से एकत्र करना, धन को हवाला के माध्यम से भेजना आदि से आर्थिक वैमनस्य और कमी उत्पन्न हुई है। इसने एक और जहां कानून और व्यवस्था की समस्या खड़ी की है वही आतंकवादी गतिविधियों से लेकर सामूहिक गतिविधियों को उत्तेजित किया है। विकास के नाम पर मात्रा के संशोधन में वृद्धि ने भी आन्तरिक पर्यावरण का निर्माण करने में एक भूमिका निभायी है। उपरोक्त वर्णित परिस्थितियों ने पर्यावरण को निरन्तर तनावपूर्ण रखा है। इन परिस्थितियों ने जहां राजनीतिक स्तर पर राजनेताओं को सोचने के लिए बाध्य किया है, वहीं प्रशासनिक

---

2. संजीव शुक्ला : "सच को पीठ दिखाती पुलिस", हिन्दुस्तान, परिदृश्य, 27 जनवरी, 2001।

स्तर पर भी यह बाध्यता उत्पन्न की है कि यदि विधि सम्भव रूप से प्रशासन कार्य करता है तो सामाजिक तनाव कम किया जा सकता है। अन्यथा तनाव को रोका नहीं जा सकता।[3]

तनाव चाहे जैसा भी हो अन्ततः पुलिस बल को ही स्थानीय स्तर पर उसे सन्तुलित बनाना है। यह कैसे हो, यह महत्वपूर्ण प्रश्न है। जनसहयोग पुलिस बल में कार्यरत वैशिष्ट्य उत्पन्न करने और समाज में मूल्यबद्धता बनाने से यह सम्भव हो सकता है। क्या इस दिशा में प्रशासन ने प्रयास किया है? क्या तनाव शिथिल करने में वह सबल रहा है? इसकी परख नगरीय पर्यावरण में न कर ग्रामीण पर्यावरण में करनी चाहिए। भारत की 70 प्रतिशत जनसंख्या ग्राम में ही निवास करती है। यदि उक्त पर्यावरण सन्तुलित एवम् संयमित है तो राष्ट्रीय स्तर तक सकारात्मकता बनी रह सकती है, अन्यथा ग्रामीण स्तर पर व्यापक अशान्ति नगरीय स्तर पर शान्ति प्रयासों को प्रभावित कर सकती है।

प्रशासनिक व्यवस्था में यदि प्रशासन से नीतियों के समुचित सचारण की मांग आगत है तो नौकरशाही के द्वारा उनका व्यवस्थित और परिणामोत्पादक संचालन निर्गत है, निर्गत की परिणामोत्पादकता एवं प्रभावशीलता इस तथ्य पर निर्भर करती है कि प्रशासन उनकी पूर्ति की कितनी योग्यता और क्षमता रखता है। जहां योग्यता की अभिवृद्धि शैक्षिक स्तर और प्रशिक्षण से होती है वही क्षमता की वृद्धि प्रशिक्षण और शैक्षिक योग्यता को व्यक्तिशः एवं संगठनात्मक रूप से लागू करने से होती है। पुलिस प्रशासन में क्षमता का अर्थ इस तथ्य से सामान्यतः लगाया जाता है कि समाज में व्यवस्था बनाये रखने की विधि के अनुपालन कराने में वह कितनी सफल रही है और विधि के अनुपालन के बावजूद भी यदि अपराध कारित हो जाते हैं तो अपराधों की रोकथाम में वह कितनी सक्षम है। अपराधों की रोकथाम का अनुमान इस वस्तुस्थिति से लगाया जा सकता है कि आपराधिक मामलों के समुचित एवं वैज्ञानिक अन्वेषण के उपरान्त जिन्हें न्यायालय के समक्ष प्रस्तुत किया जाये उनमें से न्यायालय कितनों को अपराध न्यायायिक दशा में दण्डित करती है। कानून और व्यवस्था का अनुमान तथ्यों से लगाया जा सकता है कि आवश्यकता पड़ने पर पुलिस बल घटनास्थल पर कितने शीघ्र उपस्थित होते हैं।

यातायात का संचालन कितना सामान्य है, पुलिस बल की उपस्थिति कितनी त्वरित है एवं विभिन्न सूचनाओं के सकेन्द्रीकरण में अथवा एकत्रीकरण में वह कितनी सफल है। स्पष्टतः क्षमता का आंकलन उन्हें प्राप्त प्रशिक्षण से हो सकता

3. Sharad Chandra Mishra : Police Administration in India, Political Science Review, April-Sep. 1972.

है। प्रशासन के सन्दर्भ में यह एक स्वीकृत मान्यता है कि निरन्तर प्रशिक्षण प्रशासकों को ज्ञानवान, अनुभवजन्य तथा सक्षम बनाता है एवं प्रशिक्षण की कमी से वे प्रशासन होने वाले परिवर्तन की जानकारी से वंचित रह जाते हैं। शासन की क्षमता का मूल्यांकन जनसाधारण के बीच उनकी छवि से किया जा सकता है, यदि वह सकारात्मक है तो प्रशासन क्षमतावान है अन्यथा नहीं। इस उद्देश्य से अध्ययन क्षेत्र में पुलिस की क्षमता का मूल्यांकन करते समय उसकी गतिशीलता अपराधों पर नियन्त्रण की योजना, प्रशिक्षण आदि को चर के रूप में चयनित किया गया है जैसा कि पूर्ववत् है।

इस परिप्रेक्ष्य में 120 सउद्देश्य प्रतिदृश्य अध्ययन क्षेत्र से चयनित किये गये हैं, जिनकी आयुगत संरचना यह प्रदर्शित करती है कि उनका 40 प्रतिशत 40 से 45 वर्ष आयु वर्ग का है। 35 प्रतिशत 30 से कम आयु वर्ग का और शेष 45 से अधिक आयु वर्ग का है। इससे यह स्पष्ट है कि उत्तरदाता परिपक्व आयु वर्ग के हैं, जो पुलिस के कार्यकलाप के बारे में उत्तर देने में सक्षम हैं।

उत्तरदाताओं का 60 प्रतिशत पुरुष और 40 प्रतिशत स्त्रियां हैं, उनका 65 प्रतिशत शिक्षित और शेष अशिक्षित है। शिक्षितों में सर्वाधिक 38 प्रतिशत माध्यमिक स्तर तक और शेष स्नातक और स्नातकोत्तर तक शिक्षित है।

धार्मिक आधार पर सर्वाधिक उत्तरदाता 55 प्रतिशत हिन्दू और 25 प्रतिशत मुस्लिम व शेष 20 प्रतिशत जैन हैं।

आवासीय आधार 54.61 प्रतिशत उत्तरदाता ग्रामीण और शेष नगरीय परिवेश से आते हैं। नगरीय परिवेश से आने वाले उत्तरदाताओं में सर्वाधिक सामान्य-कालीन और मध्यम वर्गकालीन में निवास करते हैं और सम्पन्नकालीन में 3.3 प्रतिशत उत्तरदाता ही निवास करते हैं।

उत्तरदाताओं का 66 प्रतिशत कार्यरत है और शेष बेरोजगार है। कार्यरत उत्तरदाताओं का सर्वाधिक नौकरी पेशा है, फिर चाहे वह सार्वजनिक प्रतिष्ठान हो, चाहे व्यक्तिगत, 15.83 प्रतिशत उत्तरदाता व्यापारी हैं। इस प्रकार कार्यरत आधार पर देखा जाए तो उत्तर उस वर्ग से आते हैं, जो जागरूक वर्ग कहा जाता है और इस दृष्टि से अपराध और पुलिस की कार्य पद्धति पर विचार करने में सक्षम है।

उत्तरदाताओं का सर्वाधिक घरेलू सेवक के रूप में तद्न्तर प्रबन्धन, शिक्षण और सरकारी सेवा में कार्यरत हैं। 11.6 प्रतिशत श्रमिक, 10.83 पतिशत सेवानिवृत्त कर्मचारी और शेष अन्य हैं। उनकी यह संरचना पूर्ववत् निष्कर्ष की पुष्टि करती प्रतीत होती है। आय की दृष्टि से मध्यम वर्ग की आय के लगभग 66 प्रतिशत

उत्तरदाता है और इतनी ही प्रतिशत के वे उत्तरदाता हैं, जो राजनीतिक दलों से सम्बन्ध है, जिनमें सर्वाधिक बी०जे०पी० और शेष समाजवादी और बहुजन समाजवादी, लोकदल आदि से जुड़े हुए हैं। इस प्रकार उत्तरदाताओं की संरचना यह प्रकट करती है कि वे परिपक्व आयु वर्ग के मध्यम श्रेणी के शिक्षित हैं, जो शोधगत समस्या से परिचित हैं। तदर्थ उत्तर देने में सक्षम हैं। इस प्रकार के उत्तरदाताओं से स्थानीय समाज में पुलिस की स्थिति अपराधों की रोकथाम एवं व्यवस्था बनाये रखने में सक्षम है। अध्ययन क्षेत्र में 62.50 प्रतिशत उत्तरदाता यह स्वीकारते हैं कि पुलिस बल के सदस्य सप्ताह में गश्त पर आते हैं, जबकि 27.50 प्रतिशत की दृष्टि में वे गश्त पर नहीं आते, जिन उत्तरदाताओं ने उनके गश्त पर आने के समर्थन में मत अभिव्यक्त किया उनमें से 46.66 प्रतिशत यह मानते हैं कि सप्ताह में वे 2 से अधिक बार गश्त पर आते हैं। 30.60 प्रतिशत की दृष्टि में वे सप्ताह में एक बार ही गश्त पर आते हैं। गश्त पर आने की स्थिति कुछ भी हो परन्तु सिपाहियों के द्वारा ग्राम का भ्रमण किया जाना एवं उनकी वहां पर उपस्थिति होना पुलिस बल की गतिशीलता का परिचायक है; उत्तरदाताओं के उत्तर दिये जाने का स्वरूप निम्नलिखित तालिका से स्पष्ट है।

**तालिका 6.1**

**पुलिस बल की गतिशीलता के सन्दर्भ में उत्तरदाताओं का दृष्टिकोण**

| *क्या थाने के सिपाही गश्त पर आते हैं* | *आवृत्ति* | *प्रतिशत* |
|---|---|---|
| हां | 75 | 62.50 |
| नहीं | 33 | 27.50 |
| ज्ञात नहीं | 12 | 10.00 |
| योग | 120 | 100.00 |

| *सप्ताह में कितनी बार गश्त पर आते हैं* | *आवृत्ति* | *प्रतिशत* |
|---|---|---|
| एक बार | 23 | 30.66 |
| दो बार | 17 | 22.66 |
| अधिक बार | 35 | 46.66 |
| योग | 75 | 100.00 |

अपराध की रोकथाम में एवं कानून व्यवस्था बनाये रखने में दूसरा पहलू पुलिस बल का जनसम्पर्क बनाये रखना है। यहां यह उल्लेखनीय है कि अच्छा जनसम्पर्क न केवल सूचना उपलब्ध कराने में सहायक होता है जिससे पुलिस बल को अपराधियों आदि की पहचान होती है अपितु जनसाधारण का विश्वास अर्जित करने में उन्हें सफलता प्राप्त होती है। यह भी अपराधों की रोकथाम में सहायक चर में उपयोगी होता है। इस दृष्टि से अध्ययन क्षेत्र में उत्तरदाता यह अनुभव करते हैं कि पुलिस बल के सदस्य उनसे सम्पर्क नहीं रखते हैं, इसका दूसरा अर्थ यह है कि पुलिस बल जो सूचना संग्रह करता है वह उनके अपने विशिष्ठ सूत्रों से तो हो सकती है किन्तु जनसामान्य एवं उनके बीच सूचना का सम्यक् आदान-प्रदान नहीं है। पुलिस की यह क्षमता विकास के सन्दर्भ में एक नकारात्मक टिप्पणी है।

**तालिका 6.2**

**पुलिस बल एवं जनसम्पर्क के विषय में उत्तरदाताओं के उत्तरों की संरचना**

| *क्या उन्होंने आपसे मिलने की चेष्टा की* | *आवृत्ति* | *प्रतिशत* |
|---|---|---|
| हां | 20 | 16.66 |
| नहीं | 100 | 83.33 |
| योग | 120 | 100.00 |

पुलिस की गतिशीलता का दूसरा परीक्षण बिन्दु यह है कि सूचना मिलने अथवा घटना घटने के कितनी देर बाद पुलिस बल ग्रामीण क्षेत्रों में सामान्यत: आ पाता है। 48.33 प्रतिशत उत्तरदाताओं के अनुसार 6-24 घण्टे अथवा उससे अधिक समय में पुलिस बल की उपस्थिति होती है। अन्तर्राष्ट्रीय परिदृश्य में जहां यह 3 मिनट है।

भारतीय परिदृश्य में घटना घटने के 24 घण्टे तक न आ पाना निश्चिततः अपराधियों के मनोबल बढ़ाने में सक्षम है।

पुलिस की प्रभावशीलता साम्प्रदायिक दंगों को रोकने में अथवा कानून व्यवस्था को मिलने वाली चुनौतियों से स्पष्ट होती है। अध्ययन क्षेत्र में साम्प्रदायिक दंगा अथवा किसी उग्रवादी घटना घटने की जानकारी उत्तरदाताओं को नहीं है। किन्तु जिन लोगों को ये जानकारी है उनमें से अधिक संख्या का यह मानना है कि पुलिस इस प्रकार की घटनाओं को रोक पाने में सन्तुलित भूमिका निर्वाहित करने में सफल रही है। पुलिस की क्षमता के प्रति यह एक सकारात्मक टिप्पणी कही जा सकती है।

**तालिका 6.3**
**पुलिस बल के घटना स्थल पर पहुँचने की समय संरचना**

| *सूचना प्राप्त करने के कितने समय बाद पुलिस घटना स्थल पर पहुँची* | *आवृत्ति* | *प्रतिशत* |
|---|---|---|
| 20 मिनट | 0 | 0 |
| 20 मिनट से 1 घण्टा | 10 | 8.33 |
| 1 घण्टा से 6 घण्टे | 15 | 12.50 |
| 6 घण्टे से 24 घण्टे | 58 | 48.33 |
| 24 घण्टे से अधिक | 37 | 30.83 |
| योग | 120 | 100.00 |

**तालिका 6.4**
**पुलिस स्टेशन पर प्राथमिकी अंकित कराने सम्बन्धी उत्तरों की संरचना**

| *क्या आपने थाने में रिपोर्ट दर्ज की* | *आवृत्ति* | *प्रतिशत* |
|---|---|---|
| हां | 64 | 53.33 |
| नहीं | 56 | 46.66 |
| योग | 120 | 100.00 |

**तालिका 6.5**
**अध्ययन क्षेत्र में उग्रवादी घटनाओं सम्बन्धी उत्तर संरचना**

| *क्या आपके पास कोई उग्रवादी घटना घटी है* | *आवृत्ति* | *प्रतिशत* |
|---|---|---|
| हाँ | 11 | 9.16 |
| नहीं | 80 | 66.66 |
| कह नहीं सकते | 29 | 24.16 |
| योग | 120 | 100.00 |

**तालिका 6.6**
**उग्रवादी घटना एवं पुलिस की भूमिका**

| *यदि घटना घटी तो पुलिस ने क्या भूमिका निभाई* | *आवृत्ति* | *प्रतिशत* |
|---|---|---|
| सक्रिय एवं सार्थक भूमिका | 3 | 27.27 |
| कार्य के प्रति उदासीनता | 3 | 27.27 |
| जनसहयोग से योजनाबद्ध प्रयास | 5 | 45.45 |
| योग | 11 | 100.00 |

**तालिका 6.7**
**साम्प्रदायिक दंगों सम्बन्धी घटना पर उत्तरदाताओं की संरचना**

| *क्या आपके शहर में साम्प्रदायिक दंगे हुए हैं* | *आवृत्ति* | *प्रतिशत* |
|---|---|---|
| हां | 28 | 23.33 |
| नहीं | 92 | 76.66 |
| योग | 120 | 100.00 |

**तालिका 6.8**
**साम्प्रदायिक दंगों में पुलिस की भूमिका**

| *यदि दंगे हुए हैं तो पुलिस की क्या भूमिका रही* | *आवृत्ति* | *प्रतिशत* |
|---|---|---|
| प्रभावी एवं सक्रिय | 10 | 35.71 |
| अप्रभावी एवं निष्क्रिय | 7 | 25.00 |
| सन्तुलित | 11 | 39.28 |
| योग | 28 | 100.00 |

सम्प्रति यह जानकारी प्राप्त करने पर कि परिवर्तित होती हुई परिस्थिति में क्या पुलिस बल शान्ति व्यवस्था बनाने में सफल है। 50 प्रतिशत उत्तरदाता सकारात्मक उत्तर देते हैं और लगभग उतने ही उत्तरदाता यह मानते हैं कि प्राकृतिक आपदा में फंसे हुए लोगों की चाहे देर से ही लेकिन मदद मिलती है।

**तालिका 6.9**

**स्थानीय पर्यावरण में शान्ति और व्यवस्था की स्थापना तथा पुलिस बल की भूमिका**

| *क्या पुलिस शान्ति और व्यवस्था बनाये रखने में सफल है* | *आवृत्ति* | *प्रतिशत* |
|---|---|---|
| हां | 60 | 50.00 |
| नहीं | 44 | 36.66 |
| ज्ञात नहीं | 16 | 13.33 |
| योग | 120 | 100.00 |

**तालिका 6.10**

**पुलिस बल एवं भ्रष्टाचार पर जनसाधारण का मन्तव्य**

| *क्या अन्य दफ्तरों में रिश्वत पुलिस से अधिक है* | *आवृत्ति* | *प्रतिशत* |
|---|---|---|
| अधिक है | 50 | 41.66 |
| कम है | 34 | 28.33 |
| ज्ञात नहीं | 36 | 30.00 |
| योग | 120 | 100.00 |

पुलिस की गतिशीलता, क्षमता के विषय में जनसाधारण का मत न तो अत्यन्त निराशाजनक है न उत्साहजनक। पुलिस बल के दल इसे किस रूप में स्वीकारते हैं। इस सन्दर्भ में पुलिस बल से जुड़े हुए कर्मचारियों से भी विचार जानने की चेष्टा की गयी, जिनका विश्लेषण निम्नवत् है। विभिन्न आयु वर्ग, शिक्षा, जाति वर्ग के पुलिस अधिकारियों के 20 सउद्देश्य प्रतिदर्श एकत्रित किये गये और उनसे पुलिस बल की क्षमता के विषय में कुछ प्रश्न किये गये। प्राथमिक रूप से यह प्रश्न किया गया कि क्या उनके अनुसार जनता के मध्य पुलिस छवि निरन्तर धूमिल हो रही है। उनकी दृष्टि से क्या यह सत्य है। 65 प्रतिशत पुलिस कर्मचारियों ने इसे स्वीकारा कि पुलिस बल की छवि वास्तव में बिगड़ी हुई है। इसके कारणों के विषय में राजनीतिक हस्तक्षेप, जातिवाद और सम्प्रदायवाद तथा वीडियो संस्कृति को प्रमुख उत्तरदायी मानते हैं। छवि को सुधारने के सम्बन्ध में दो प्रमुख बिन्दुओं पर लगभग 35 प्रतिशत एवं 29 प्रतिशत पुलिस अधिकारी

सहमत हैं कि यदि अपराधियों को न्यायपालिका से दण्ड मिले व उन्हें सामाजिक मान्यता मिले तो उनकी छवि में सुधार लाया जा सकता है और उनकी क्षमता बढ़ सकती है।

**तालिका 6.11**
**जनसाधारण के मध्य पुलिस की छवि**

| *क्या वर्तमान में जनता के मध्य पुलिस की छवि बिगड़ रही है* | *आवृत्ति* | *प्रतिशत* |
|---|---|---|
| हां | 13 | 65.00 |
| नहीं | 5 | 25.00 |
| ज्ञात नहीं | 2 | 10.00 |
| योग | 20 | 100.00 |

| *यदि हां, तो सुधार कैसे लाया जाए* | *आवृत्ति* | *प्रतिशत* |
|---|---|---|
| अपराधियों को दण्डित किया जाये | 5 | 38.46 |
| कुछ पुलिस अधिकारियों का परम्परागत समाप्त हो | 1 | 7.69 |
| पुलिस को सामाजिक मान्यता/ सम्मान मिले | 4 | 30.76 |
| राजनीतिक हस्तक्षेप बन्द हो | 1 | 7.69 |
| अन्य | 2 | 15.38 |
| योग | 13 | 100.00 |

पुलिस बल की क्षमता बढ़ने की दिशा में जनसहयोग की अत्यन्त आवश्यकता होती है। अध्ययन क्षेत्र में जब पुलिस बल से यह प्रश्न किया गया तो 70 प्रतिशत उत्तरदाताओं ने यह स्वीकार किया कि उन्हें जनसहयोग प्राप्त है। यह एक शुभ संदेश कहा जा सकता है किन्तु क्षमताओं का जहां तक प्रश्न है यदि समुचित कर्मचारी और जनसाधन नहीं होते हैं तो क्षमता में कमी आती है। पुलिस बल के उत्तरदाताओं द्वारा 33 प्रतिशत उत्तरदाता स्टाफ की कमी को स्वीकारते हैं और यह स्पष्ट करना चाहते हैं कि पुलिस बल में समुचित कर्मियों का न होना एक प्रमुख

कारण है। इसी प्रकार 80 प्रतिशत उत्तरदाता हथियारों की कमी को, 85 प्रतिशत उत्तरदाता संचार वाहन की कमी को, 55 प्रतिशत कानूनी सलाहकार और विशेषज्ञों को पुलिस बल की कार्यक्षमता में कमी को प्रमुख कारण मानते हैं। इसके लिए अग्रलिखित तालिका दृष्टव्य है।

**तालिका 6.12**

**पुलिस बल की सक्षमता में बाधक कारक**

| *क्या वर्तमान में पर्याप्त साधन हैं।* | | *आवृत्ति* | *प्रतिशत* |
|---|---|---|---|
| स्टाफ | हां | 0 | 0.0 |
| | नहीं | 20 | 100.00 |
| हथियार | हां | 4 | 20.00 |
| | नहीं | 16 | 80.00 |
| संचार और वाहन | हां | 3 | 15.00 |
| | नहीं | 17 | 85.00 |
| कानूनी सलाहकार | हां | 9 | 45.00 |
| व विशेषज्ञ | नहीं | 11 | 55.00 |

सम्प्रति, यदि पुलिस की कार्यक्षमता गतिशीलता को मूल्यांकित किया जाए तो जहां एक ओर पुलिस बल के सदस्य समुचित संसाधनों एवं पुलिसकर्मियों की कमी को क्षमता से महसूस की जाने वाली कमी के लिये उत्तरदायी ठहराते हैं, वहीं जनसाधारण, उनके दृष्टिकोण, व्यवहार, अपराधों की दशा में अनुभव किये जा रहे परिवर्तनों को समुचित प्रशिक्षण के अभाव में न समझ पाने की कमी को उत्तरदायी मानते हैं।

इस पृष्ठभूमि में यह स्पष्टतः कहा जा सकता है कि विगत पांच दशकों में यद्यपि पुलिस बल की क्षमता में वृद्धि हुई तथापि जनमानस की अपेक्षाओं से वह अभी भी बहुत दूर है। इसलिये यह अभी भी दृष्टव्य होता है कि पुलिस बल को समयक प्रशिक्षण, समयक संसाधन एवं राजनीतिक हस्तक्षेपों से मुक्त रखे जाने की आवश्यकता है ताकि उसकी क्षमता में वृद्धि की जा सके परिणामतः अपराधों की रोकथाम की जा सके।

राज्य व्यवस्था का उद्देश्य समाज में स्थायित्व बनाये रखने के लिए सुरक्षा को सुनिश्चित करना, ताकि एकता, सन्तुलन और विकास के लक्ष्य प्राप्त किये जा

सकें। यहां एकता का अर्थ समाज के विभिन्न समूहों के बीच में सन्तुलन बनाये रखने से है और विकास का तात्पर्य जनसाधारण के अनुकूल संसाधनों के प्रयोग करने के सुअवसर प्रदान करने से है। किन्तु इन लक्ष्यों को राज्य व्यवस्था में तभी प्राप्त किया जा सकता है जब आन्तरिक व्यवस्था सहज हो और विधि का अनुपालन सब समान रूप से करते हों। अपने राष्ट्रीय परिप्रेक्ष्य में गत अर्द्ध शताब्दी का विश्लेषण यह स्पष्ट करता है कि राष्ट्र का आन्तरिक राष्ट्र से अथवा अन्त:क्रिया से तनाव बढ़ा है। जिससे आन्तरिक सुरक्षा के समक्ष चुनौती प्राप्त हुई है। उदाहरण के रूप में यदि सामाजिक परिवेश में मध्य वर्ग के उत्थान से जहां विकास की दिशाएं विकसित हुई हैं वही सामाजिक परिवेश में भी धार्मिक, सामुदायिक, जातिगत और सांस्कृतिक मूल्यों की प्रतिस्पर्धा के कारण तनाव ही पैदा हुए हैं। परिणामत: सामाजिक स्तर पर अशान्ति स्थापित हुई है। वर्तमान में यह सहज ही परिवेक्षण का विषय बन गया है कि मूल्यों और मान्यताओं का स्थान जातीय हित और पहचान ने ले लिया है। जातीय स्तर पर यदि मूल्यों का उल्लंघन भी होता है तो उसे समर्थन प्रदान किया जाता है और यदि जाति से डरकर कोई अन्य व्यक्ति या वर्ग मूल्यों का पालन भी करें और संख्यात्मक दृष्टि से वह प्रभावी जाति के समतुल्य नहीं है तो उसे प्रताड़ित कर दिया जाता है। परिणामस्वरूप समाज में असन्तोष प्रकट होता है, जो अलगाववाद को जन्म देता है। अलगाववाद से वे प्रवृत्तियां उत्पन्न होती हैं जो आन्तरिक सुरक्षा के समक्ष चुनौतियां खड़ी कर देती हैं। इसी प्रकार आर्थिक दृष्टि से बेरोजगारी अथवा स्तरहीन अल्परोजगार, कृषक समाज में संघर्ष, औद्योगिक मजदूरों के बीच अशान्ति, असन्तुलित नगरीकरण व्यावसायिक संघन उत्थान गतिशीलता, सूचना प्रौद्योगिकी का व्यापक विस्तार आदि, आर्थिक तनावों को जन्म दे रही है। जिनमें मुट्ठी भर लोगों के पास संसाधनों की काफी मात्रा है और समाज के अधिकांश लोग संसाधनों के अभाव में दरिद्रता की स्थिति में पहुंच गये हैं। आर्थिक दृष्टि से यह सामाजिक असन्तुलन व असंतोष और अलगाव को उत्पन्न करने में सक्षम है, जो अन्त में आन्तरिक सुरक्षा के समक्ष सुरक्षा खड़ी कर देता है। यदि वाह्य पर्यावरण की और हस्तक्षेप की प्रक्रिया के कारण अनेकानेक आर्थिक नकारात्मक क्रियाएं यथा तस्करी-कालाबाजारी आदि जन्म लेती हैं जिससे सामाजिक, आर्थिक असन्तुलन पैदा होता है और वह भी आन्तरिक सुरक्षा के समक्ष चुनौती बन जाता है।

राजनैतिक सत्ता को प्राप्त करने के लिए संवैधानिक माध्यमों जन समर्थन और जन सेवा के स्थान पर आर्थिक शान्ति और शारीरिक शान्ति के बलबूते, अपराधियों को संरक्षण देने और उनके माध्यम से सत्ता प्राप्त करने की चेष्टा करने अथवा

राजनीति में उन्हीं के द्वारा सत्ता प्राप्त करने की प्रक्रिया ने भी उन लोगों में निराशा का भाव उत्पन्न किया है जो राजनैतिक सत्ता को संवैधानिक प्रक्रिया से प्राप्त करने की प्रक्रिया और राजनीतिक परिस्थिति भी राजनैतिक असुरक्षा उत्पन्न करके आन्तरिक सुरक्षा को चुनौती देती है।

अरुण घोष और बंगाल सरकार के मामले में तत्कालीन मुख्य न्यायाधीश न्यायमूर्ति न्याय तुला ने यह टिप्पणी की थी कि कानून व्यवस्था की छोटी-छोटी समस्या यदि न संभाली जाए तो वह आन्तरिक सुरक्षा के लिए एक बड़ी समस्या बन जाती है जिसको नियंत्रित करने का उत्तरदायित्व पुलिस बल का है। अतः पुलिस बल आन्तरिक सुरक्षा को मिलने वाली सामाजिक, आर्थिक, राजनीतिक चुनौती को निष्क्रिय कर दे तो सम्भव है कि वे बड़े परिदृश्य में आतंकवाद जैसी समस्या को प्रजनिमित करते हुए वस्तुतः आन्तरिक सुरक्षा के समक्ष प्रश्नचिन्ह खड़ा कर दे। अतः समयानुकूल पुलिस बल की भूमिका और भी उपयोगी हो जाती है। अध्ययन क्षेत्र बुलन्दशहर में पुलिस बल ने व्यवस्था और कानून बनाये रखने में क्या भूमिका अभिनीत की है ताकि आन्तरिक सुरक्षा को मिलने वाली चुनौतियों को निष्क्रिय किया जा सके और ऐसा करने में वह कहाँ तक सफल रही है। इस दृष्टि से एक ओर जहां जनसाधारण के दृष्टिकोण जानने की चेष्टा की गयी है वही दूसरी ओर पुलिस बल के दृष्टिाकेण जानने का प्रयास भी किया गया है।

पुलिस संगठन के उस स्तर से 20 सउद्देश्य प्रतिदृश्य चयनित किये गये हैं जो आन्तरिक सुरक्षा बनाये रखने के लिए व्यावहारिक रूप से क्षेत्र में क्रियाशील रहते हैं इनमें पुलिस निरीक्षक और उप-निरीक्षक सम्मिलित हैं। बुलन्दशहर जनपद के दो थाने क्रमशः बुलन्दशहर कोतवाली और थाना औरंगाबाद जो बुलन्दशहर से 16 कि०मी० दूर ग्रामीण क्षेत्र में बुलन्दशहर-गढ़मुक्तेश्वर मार्ग पर स्थित है; को चयनित किया गया है। इनमें से 12 प्रतिदृश्य अर्थात् 60 प्रतिशत पुलिस उप-निरीक्षकों के हैं और 8 प्रतिदृश्य अर्थात् 40 प्रतिशत पुलिस निरीक्षकों के हैं।

जिनमें से 30 से कम वर्ष के पुलिस कार्मिक 5 अर्थात् 5 प्रतिशत हैं, 30 से 45 वर्ष के मध्य 9 कार्मिक अर्थात् 45 प्रतिशत व 45 वर्ष से अधिक आयु वर्ग के 6 पुलिस कार्मिक अर्थात् 30 प्रतिशत को चयन किया गया है। जबकि सभी पुलिस अधिकारी स्नातकोत्तर स्तर के पाये गये हैं। विभिन्न घटनाओं में जातीय आधार को तो नकारा गया जो पुलिस बल की कर्त्तव्यमठता, सत्यनिष्ठा को प्रदर्शित करता है फिर भी उत्तरदाता अनुसूचित जाति व जनजाति से 20 प्रतिशत व पिछड़े वर्ग से 55 प्रतिशत व सामान्य जाति से 25 प्रतिशत उत्तरदाताओं को चयनित किया गया है जो निम्न तालिका द्वारा दृष्टव्य है।

**तालिका 6.13**
**पुलिसकर्मियों का आयु वर्गीकरण**

| *आयु* | *आवृत्ति* | *प्रतिशत* |
|---|---|---|
| 30 से कम | 5 | 25 |
| 30–45 के मध्य | 9 | 45 |
| 45 से अधिक | 6 | 30 |
| योग | 20 | 100 |

**तालिका 6.14**
**पुलिसकर्मियों का शैक्षिक योग्यता वर्गीकरण**

| *शैक्षिक योग्यता* | *आवृत्ति* | *प्रतिशत* |
|---|---|---|
| माध्यमिक स्तर | 0 | 0 |
| स्नातकोत्तर | 20 | 100 |
| योग | 20 | 100 |

**तालिका 6.15**
**पुलिसकर्मियों का जातीय अनुपात**

| *आयु* | *आवृत्ति* | *प्रतिशत* |
|---|---|---|
| अनुसूचित जाति व जनजाति | 4 | 20 |
| पिछड़ा वर्ग | 11 | 55 |
| सामान्य वर्ग | 5 | 25 |
| योग | 20 | 100 |

उपरोक्त प्रतिदृश्य आर्थिक रूप से सम्पन्न कर्मियों के प्रतीक होते हैं। क्योंकि 12 अर्थात् 60 प्रतिशत उत्तरदाता पुलिस सेवा के अतिरिक्त पारम्परिक कृषि से आय प्राप्त करते हैं और इस प्रकार सम्पन्न हैं। जातीय स्तर पर इनमें उत्तरदाताओं में अधिकांशत: समाज के पिछड़े वर्ग से आते हैं और शिक्षित हैं तथा उत्तरदायित्वों भरे पदों पर आसीन हैं। इस सन्दर्भ में अग्र तालिका दृष्टव्य है।

उत्तरदाताओं से जब यह प्रश्न किया गया कि दिन प्रतिदिन कानून व्यवस्था की बिगड़ती हुई स्थिति के लिए किसको उत्तरदायी मानते हैं तो राजनीतिक हस्तक्षेप को सर्वाधिक उत्तरदाताओं ने उत्तरदायी बनाया इसके अतिरिक्त न्यायिक व्यवस्था में प्रक्रियाओं की जटिलता के कारण अपराधियों का दण्ड से बच जाना, जनसंख्या

**तालिका 6.16**
**पुलिस अधिकारियों के पद के सन्दर्भ में**

| *आप किस पद पर कार्यरत हैं* | *आवृत्ति* | *प्रतिशत* |
|---|---|---|
| उप-निरीक्षक | 12 | 60.00 |
| निरीक्षक | 8 | 40.00 |
| योग | 20 | 100.00 |

**तालिका 6.17**
**पुलिस अधिकारियों के आय के स्त्रोतों के सन्दर्भ में**

| *आय के स्त्रोत क्या हैं* | *आवृत्ति* | *प्रतिशत* |
|---|---|---|
| कृषि | 12 | 60.00 |
| व्यापार | 0 | 0.00 |
| उद्योग | 0 | 0.00 |
| अन्य | 0 | 0.00 |
| योग | 12 | 60.00 |

की वृद्धि, परिवर्तित होती संस्कृति, साम्प्रदायिक तनाव आदि अन्य कारण उनके द्वारा बताये गये। स्पष्टत: पुलिस बल से जुड़े हुए उत्तरदाताओं का आपराधिक वृत्ति की वृद्धि के लिए विभिन्न कारणों को उत्तरदायी ठहराया जाना सामाजिक विसंगतियों के प्रति उनके सर्वेक्षण का परिणाम है।

**तालिका 6.18**
**आपराधिक वृत्ति के बढ़ने के सन्दर्भ में**

| *प्राय: देखा जा रहा है कि दिन प्रतिदिन अपराध में वृद्धि हो रही है और कानून व्यवस्था की स्थिति भी बिगड़ रही है, आपकी दृष्टि में इसके क्या कारण हैं* | *आवृत्ति* | *प्रतिशत* |
|---|---|---|
| 1 | 2 | 3 |
| राजनैतिक हस्तक्षेप | 8 | 40.00 |
| जातिवाद | 2 | 10.00 |
| साम्प्रदायवाद | 4 | 20.00 |

| 1 | 2 | 3 |
|---|---|---|
| अपराधियों को उचित दण्ड न मिलना | 2 | 10.00 |
| जनसंख्या वृद्धि | 2 | 10.00 |
| परिवर्तित होती संस्कृति | 2 | 10.00 |
| अन्य | 0 | 0.00 |
| योग | 20 | 100.00 |

समयानुसार आवश्यक कदम उठा लिये जाने से अपराधों पर रोकथाम लगाई जा सकती है, इस तथ्य का 60 प्रतिशत उत्तरदाता समर्थन करते हैं और उनमें से लगभग 40 प्रतिशत का यह मानना है कि यदि पुलिसकर्मी नियत समय पर गश्त लगाती रहें तो अपराधों की रोकथाम में मदद मिल सकती है। दूसरी ओर 25 प्रतिशत उत्तरदाता स्थायी गश्त का समर्थन करते हैं, जबकि जनसामान्य से निरन्तर सम्पर्क बनाये रखते हैं। 16 प्रतिशत उत्तरदाता उपयोगी मानते हैं।

**तालिका 6.19**

**अपराधों की समय से रोकथाम के सन्दर्भ में**

| *सामान्य अवधारणा है कि समय से अपराधों की रोकथाम के लिए कदम उठाये जाएं तो अपराध रुक सकते हैं, क्या आप इस बात से सहमत हैं* | *आवृत्ति* | *प्रतिशत* |
|---|---|---|
| हाँ | 12 | 60.00 |
| नहीं | 8 | 40.00 |
| योग | 20 | 100.00 |

पूरक प्रश्न पूछे जाने पर पुलिस निरन्तर गश्त पर क्यों नहीं रहती तो 60 प्रतिशत उत्तरदाताओं ने यह कहा कि गश्त में अतिरिक्त पुलिस बल की राजनीतिक सुरक्षा प्रदान करने से लेकर विभिन्न प्रकार के अर्से कार्यों पर लगा दिया जाता है कि वे सामान्य गश्त की भी प्रक्रिया पूर्ण नहीं कर पाते। अतः अपराधों में वृद्धि होती है। 40 प्रतिशत उत्तरदाताओं ने इस विषय में कोई उत्तर नहीं दिया। अतः पुलिस बल नियमित कार्य के स्थान पर अन्य अनियमित कार्य करती है जो उसे नहीं करने

**तालिका 6.20**

**अपराधों को रोकने में उठाये गये कदमों के सन्दर्भ में**

| *यदि आप सहमत हैं तो कृपया बतायें कि अपराधों की रोकथाम के लिए कौन–कौन से कदम उठाये जाते हैं।* | *आवृत्ति* | *प्रतिशत* |
|---|---|---|
| गश्त लगाना (स्थायी) | 3 | 25.00 |
| नियत पुलिस गश्त | 5 | 41.66 |
| जनसामान्य से सम्पर्क | 2 | 16.00 |
| धारा 144 लागू करना | 2 | 16.00 |
| योग | 12 | 100.00 |

चाहिए इसलिए उसके नियमित कार्य अर्थात् कानून और व्यवस्था बनाये रखना प्रतिबाधित हो जाता है। इस सन्दर्भ में उत्तरदाताओं की उत्तर संरचना निम्न है :

**तालिका 6.21**

**पुलिस बल के गश्त पर न होने के सन्दर्भ में**

| *जनसाधारण का मत है कि पुलिस अधिकतर समय गश्त पर नहीं रहती है इसलिए अपराध होते हैं, इस विषय में आपका क्या विचार है* | *आवृत्ति* | *प्रतिशत* |
|---|---|---|
| पुलिस अन्य महत्वपूर्ण स्थानों पर उपस्थित होती है | 12 | 60.00 |
| अन्य | 8 | 40.00 |
| योग | 20 | 100.00 |

पुलिस बल जनसम्पर्क के माध्यम से आपराधिक गतिविधियों की कितनी रोकथाम कर पाते हैं यह इस तथ्य को पुलिस बल के सदस्यों ने स्पष्टतः नकारा, 60 प्रतिशत उत्तरदाताओं ने यह माना कि वे जनसाधारण से सम्पर्क नहीं कर पाते, यहां यह उल्लेखनीय है कि वर्तमान में पुलिस व्यवस्था के सन्दर्भ में जनसाधारण की सहभागिता पर विश्वभर में बल दिया जा रहा है और सामुदायिक पुलिस बल की बात कही जा रही है। इस स्थिति में पुलिस बल के सदस्यों का जनसाधारण से न मिलना और तथ्य को नकारना निराशाजनक है।

**तालिका 6.22**

**पुलिस बल के जनसाधारण से सम्पर्क न करने के सन्दर्भ में**

| *जनसाधारण का यह मत भी है कि पुलिस कांस्टेबल या उप-निरीक्षक उनसे समस्या जानने के लिए सम्पर्क नहीं करते, क्या यह कहना सत्य है* | *आवृत्ति* | *प्रतिशत* |
|---|---|---|
| हाँ | 8 | 40.00 |
| नहीं | 12 | 60.00 |
| योग | 20 | 100.00 |

जिन उत्तरदाताओं ने यह बात स्वीकार की है कि पुलिस बल जनसम्पर्क करती है उनमें से 40-40 प्रतिशत उत्तरदाता सहमत है कि पुलिस बल सम्पर्क के लिए सप्ताह में एक बार आती है, जबकि 20 प्रतिशत उत्तरदाता ऐसे हैं, जो माह में एक बार की बात कहते हैं।

**तालिका 6.23**

**पुलिस बल के जनसम्पर्क के सन्दर्भ में**

| *यदि पुलिस बल सम्पर्क करता है तो उसकी आवृत्ति क्या है* | *आवृत्ति* | *प्रतिशत* |
|---|---|---|
| सप्ताह में एक बार | 5 | 40.00 |
| माह में एक बार | 2 | 20.00 |
| कभी-कभी | – | 0.00 |
| कभी नहीं | – | 0.00 |
| प्रतिदिन | 5 | 40.00 |
| योग | 12 | 100.00 |

आन्तरिक स्तर पर कानून और व्यवस्था बनाये रखने में पुलिस के रेस्पोन्स टाइम अर्थात् घटना स्थल पर पहुंचने का समय महत्वपूर्ण होता है। यह अन्तराल जितना ही अधिक होगा अपराध की वृत्ति उतनी ही बढ़ेगी। 90 प्रतिशत पुलिस-कर्मियों ने यह माना कि घटना के स्थान पर पहुंचने का समय 1 घण्टे से कम होता है यदि यह सत्य है तो भी सोचनीय है।

**तालिका 6.24**

**पुलिस बल का घटना स्थल पर पहुंचने में समय के सन्दर्भ में**

| *जनसाधारण में अधिकांश यह राय है कि घटना घटित होने के बाद पुलिस घटना स्थल पर नहीं पहुंचती और घटना स्थल पर पहुंचने का उनका अन्तराल 1-3 घण्टे का होता है क्या यह सत्य है? यदि यह सत्य है तो इस विलम्ब के क्या कारण हैं* | *आवृत्ति* | *प्रतिशत* |
|---|---|---|
| हाँ | 2 | 10.00 |
| नहीं | 18 | 90.00 |
| योग | 20 | 100.00 |

कानून व्यवस्था बनाये रखने का मानदण्ड स्थापित करते हुए राष्ट्रीय पुलिस आयोग, 1977 ने यह उल्लेख किया है कि जनसाधरण की समस्याओं का समाधान करने में पुलिस बल यदि शीघ्रता बरता है तो यह सकारात्मक है अन्यथा नकारात्मक। जिसका आधार इस तथ्य में निहित है कि पुलिस थाने में प्राथमिकी दर्ज होने में विलम्ब तो नहीं होता। पुलिस अधिकारियों से जब यह प्रश्न किया गया तो शत प्रतिशत अधिकारियों ने यह बताया कि पुलिस थाने में प्राथमिकी दर्ज कराने में कोई भी विलम्ब नहीं होता यह अपने आप में पुलिस कार्यक्षमता की दृष्टि से प्रशसंनीय है किन्तु जनसाधारण से जब यह प्रश्न किया गया तो उनको भिन्न अर्थात् प्रश्न अपने आप में उद्देश्यपरक न होकर विषयपरक है और इस पर टिप्पणी उसी दृष्टि से की जानी समुचित है।

**तालिका 6.25**

**पुलिस द्वारा प्राथमिकी दर्ज करने के सन्दर्भ में**

| *अधिकांश उत्तरदाताओं का यह मानना है कि थाने में एफ० आई०आर० दर्ज करने में उन्हें समस्याएं उत्पन्न हुई हैं यथा या तो रिश्वत देनी पड़ी या उनके साथ अभद्र व्यवहार अथवा विलम्ब हुआ है क्या यह कथन सत्य है* | *आवृत्ति* | *प्रतिशत* |
|---|---|---|
| हाँ | 0 | 00.00 |
| नहीं | 20 | 100.00 |
| योग | 20 | 100.00 |

पुलिस उत्तरदाताओं का 60 प्रतिशत यह मानता है कि कानून व्यवस्था बनाये रखने में उन्हें विलम्ब लगता है क्योंकि वे अन्य कार्य में उलझे रहते हैं, इसलिए घटनाक्रम की रोकथाम समय के अनुकूल नहीं कर पाते हैं उनका यह भी मानना है कि पुलिस बल की कार्यपद्धति पर अनुभवात्मक दृष्टि में स्थान पर अन्यायन्यन दृष्टि से टिप्पणियां कर दी जाती हैं यथा दंगे के समय जनसाधारण के प्रति पुलिस का व्यवहार आक्रामक या हिंसात्मक सामान्यत: नहीं होता इसके बावजूद पुलिस के विभाग के प्रति नकारात्मक टिप्पणी की जाती है।

**तालिका 6.26**

**पुलिस बल के समय से व्यवस्था बनाने के सन्दर्भ में**

| *व्यवस्था बनाने में सामान्यत: पुलिस को समय लगता है ऐसा जनसाधारण का मानना है क्या आप इस बात से सहमत हैं, यदि सहमत हैं, तो पुलिस के विलम्ब के कारण स्पष्ट करें* | *आवृत्ति* | *प्रतिशत* |
|---|---|---|
| हाँ | 12 | 60.00 |
| नहीं | 8 | 40.00 |
| योग | 20 | 100.00 |

**तालिका 6.27**

**दंगे के समय पुलिस बल का जनसाधारण के प्रति व्यवहार के सन्दर्भ में**

**एन॰ 20**

| *दंगे आदि के समय जनसाधारण से पुलिस का व्यवहार आक्रामक व हिंसात्मक हो जाता है, क्या आप इस विचार से सहमत हैं, यदि सहमत हैं, तो कारण बताओ?* | *आवृत्ति* | *प्रतिशत* |
|---|---|---|
| हाँ | 2 | 10.00 |
| नहीं | 18 | 90.00 |
| 1. सामान्य मनोवैज्ञानिक क्रिया है | 1 | 50.00 |
| 2. परीक्षण का भाग है | 0 | 0.00 |
| 3. जान-बूझकर किया जाता है | 0 | 0.00 |
| 4. अन्य | 1 | 50.00 |

पुलिस बल से सम्बन्धित उत्तरदाता पुलिस की अक्षमता के लिए विभिन्न कारणों को उत्तरादायी मानते हैं इस दृष्टि से उनके समक्ष 5 सम्भावित कारणों की एक सूची तैयार की गई, जिसमें पुलिस बल की कमी और समाज के प्रतिष्ठित व्यक्तियों के पुलिस कार्य में हस्तक्षेप को उन्होंने सर्वाधिक उत्तरदायी ठहराया। इसके अतिरिक्त वैज्ञानिक प्रशिक्षण की कमी और संसाधनों की कमी को भी उन्होंने उत्तरदायी माना। सम्प्रति पुलिस बल की अक्षमता के लिए विभिन्न कारण उत्तरदायी हैं इसे पुलिस कार्मिक भी उत्तरदायी स्वीकारते हैं।

**तालिका 6.28**
**पुलिस बल की अक्षमता के सन्दर्भ में**

| *पुलिस बल के अक्षमता के किन्हीं तीन मुख्य कारणों को इंगित करें?* | *आवृत्ति* | *प्रतित* |
|---|---|---|
| 1. पुलिस बल का कम होना | 18 | 90.00 |
| 2. वैज्ञानिक प्रशिक्षण का कम होना | 10 | 50.00 |
| 3. संसाधनों की कमी | 8 | 40.00 |
| 4. राजनैतिक हस्तक्षेप | 10 | 50.00 |
| 5. समाज के प्रतिष्ठित व्यक्तियों का हस्तक्षेप | 12 | 60 |
| योग | 20 | 100.00 |

उत्तरदाताओं का यह भी मानना है कि सामान्य नागरिक के मन में पुलिस की छवि अब नकारात्मक नहीं रह गयी है। हाँ, अपराधियों के मन में वह अवश्य दहशत पैदा करती है जो स्वभाविक है।

**तालिका 6.29**
**पुलिस को सहयोग मिलने के सन्दर्भ में**

| *पुलिस को समाज या सरकार से उचित सहयोग मिलता है* | *आवृत्ति* | *प्रतिशत* |
|---|---|---|
| हाँ | 16 | 80.00 |
| नहीं | 4 | 20.00 |
| योग | 20 | 100.00 |

80 प्रतिशत उत्तरदाता पुलिस के कानून व्यवस्था के बारे में सामाजिक सहयोग को स्वीकारते है, जबकि 20 प्रतिशत इसे नकारते हैं। यह पूर्व भी स्पष्ट किया जा चुका है कि वर्तमान में जनसहयोगी पुलिस अवस्था की अवधारणा पाश्चात्य देशों में स्थापित हो चुकी है। आवश्यकता उसे विकसित देशों में स्थापित करने की है। अत: यह आवश्यक प्रतीत होता है कि पुलिस की जनसहयोगी स्थिति बनायी जाए।

**तालिका 6.30**
**निर्दोष लोगों को पकड़ने के सन्दर्भ में**

| *कई बार देखा जाता है कि पुलिस मात्र शक के आधार पर निर्दोष लोगों को पकड़कर ले जाती है, जबकि अपराधी खुले घूमते हैं, क्या आप इस कथन से सहमत हैं, यदि सहमत हैं, तो कारण स्पष्ट करें।* | *आवृत्ति* | *प्रतिशत* |
|---|---|---|
| हाँ | 8 | 40.00 |
| नहीं | 12 | 60.00 |
| योग | 20 | 100.00 |

पुलिस बल से सम्बन्धित उत्तरदाताओं ने शक के आधार पर निर्दोष लोगों के पकड़े जाने के आम आदमी के दृष्टिकोण को नकारा, जबकि 40 प्रतिशत ने यह स्वीकार किया कि शक के आधार पर निर्दोष लोग भी पकड़े जाते हैं। यद्यपि उत्तरदाताओं का एक वर्ग ही इस कथन का समर्थन करता है लेकिन यह कथन अपने आप में नकारात्मक है और इस छवि से पुलिस को बचना चाहिए।

**Table 6.31**

**Incidence of Cognizable Crimes (ICC) Under Different Crime Heads During 1995 to 1999**

| Year | Murder | Rape | Attempt to Commit-murder | Kidnapping Abduction | C.H. not amounting murder | Dacoity | Preparation and Assembly for dacoity | Robbery | Burglary House Breading | Theft | Riots |
|---|---|---|---|---|---|---|---|---|---|---|---|
| | 1 | 2 | 3 | 4 | 5 | 6 | 7 | 8 | 9 | 10 | 11 |
| 1995 | 37464 | 13754 | 29571 | 20426 | 3830 | 8335 | 961 | 22443 | 116507 | 294306 | 96520 |
| 1996 | 37671 | 14846 | 29597 | 20848 | 3728 | 8035 | 888 | 22705 | 115097 | 284985 | 92831 |
| 1997 | 37543 | 15330 | 29322 | 21898 | 3869 | 7867 | 1044 | 22141 | 113319 | 277077 | 91812 |
| 1998 | 38584 | 15151 | 30577 | 23520 | 3681 | 8091 | 1266 | 23603 | 119260 | 287967 | 90767 |
| 1999 | 37170 | 15468 | 29628 | 23236 | 3912 | 7079 | 1501 | 21332 | 111296 | 271907 | 80838 |

| Year | Criminal Breach of Trust | Cheating | Counter-feiting | Arpon | Hurt | Doloary Deaths | Moles tutions | Sexual Harrassment | Cruelty by Husband or Relatives | Other IPC Crimes | Total Cognisable Crimes under IPC |
|---|---|---|---|---|---|---|---|---|---|---|---|
| | 12 | 13 | 14 | 15 | 16 | 17 | 18 | 19 | 20 | 21 | 22 |
| 1995 | 15503 | 30678 | 2203 | 12028 | 203812 | 4648 | 26856 | 4689 | 28579 | 722583 | 1695696 |
| 1996 | 15368 | 33823 | 2796 | 12425 | 223977 | 5513 | 28939 | 5671 | 35246 | 714587 | 1709576 |
| 1997 | 15077 | 35228 | 2228 | 12363 | 228497 | 6006 | 30764 | 5796 | 36592 | 726042 | 1719820 |
| 1998 | 16157 | 38271 | 1353 | 12913 | 235870 | 6975 | 30959 | 8053 | 41375 | 744442 | 1778815 |
| 1999 | 15454 | 41403 | 1347 | 11218 | 236313 | 6699 | 32311 | 8858 | 43823 | 763835 | 1764629 |

***स्रोत*** : राष्ट्रीय अपराध अभिलेख ब्यूरो, गृह मंत्रालय, पूर्वी खण्ड-7, रा०कृ० पुरम, नई दिल्ली-110066

# 7

# पुलिस एवं जनसहयोग

प्रशासनिक व्यवस्था की प्रभावोत्पादकता इस तथ्य में निहित है कि वह जनसाधारण के प्रति कितना उत्तरदायी है। लोकतांत्रिक व्यवस्था के लिये यह तथ्य और भी सत्य है क्योंकि लोकतांत्रिक व्यवस्था का सार जनसाधारण की भागेदारी और उसके प्रति उनके दायित्व से समझी जाती है। अतः पुलिस व्यवस्था की प्रभावोत्पादकता भी जनसामान्य की अभिव्यक्ति के आधार पर ही समझी जा सकती है। इस वस्तुस्थिति से प्रभावित होकर बुलन्दशहर जिले में एक सौ बीस सउद्देश्य, प्रतिदर्श एकत्रित किये गये हैं जो समाज के विभिन्न वर्गों से सम्बद्ध हैं और उनके विचार एक अनुसूची के माध्यम से एकत्रित किये गये हैं। इन विचारों के आधार पर निष्कर्ष निकाले गये हैं। इस क्रम में सर्वप्रथम यह जान लेना प्रभावी है कि उत्तरदाताओं की सामाजिक, आर्थिक संरचना क्या है?

उल्लेखनीय है कि 60 प्रतिशत उत्तरदाता मध्य आयु वर्ग के हैं और शेष युवा तथा उच्च आयु वर्ग के हैं। जातिगत आधार पर 84 प्रतिशत उच्च जाति के और शेष निम्न जाति के हैं। शैक्षिक रूप से 88 प्रतिशत स्नातकोत्तर, 12 प्रतिशत स्नातक स्तर तक शिक्षित हैं। आय के आधार पर मध्य आय वर्ग से अधिकांश उत्तरदाता आते हैं। 12 प्रतिशत निम्न आय वर्ग के हैं। प्रभावी रूप से उत्तरदाता कृषक हैं। इसे अतिरिक्त उत्तरदाता व्यापारी और उद्योग वर्गों से भी आते हैं। 84 प्रतिशत उत्तरदाता सरकारी सेवा में हैं, जबकि 12 प्रतिशत अन्य व्यवसाय में। राजनीतिक रूप से 32 प्रतिशत उत्तरदाता किसी न किसी दल से जुड़े हुए हैं। उनमें सर्वाधिक कांग्रेस (आई) से और 16 प्रतिशत पृथक वर्ग से सम्बद्ध भारतीय जनता पार्टी, समाजवादी पार्टी और बहुजन समाज पार्टी से हैं। उत्तरदाताओं की

सामाजिक, आर्थिक संरचनाएं यह प्रदर्शित करती हैं कि उनमें से अधिकांश शिक्षित हैं।

अधिकांश उत्तरदाताओं की गतिशीलता नगर से ग्राम की ओर है। इससे सिद्ध होता है कि नगर व ग्राम के बीच में एक सतत् सम्पर्क बना हुआ है और कभी-कभी नगरीय परिवेश में ग्रामीण जन द्वारा नगरीय जीवन स्तर को लेकर तनाव अनुभव किया जाता है जो कानून और व्यवस्था के लिये उत्तरदायी होता है। सर्वप्रथम जनसाधारण की प्रशासनिक संस्थाओं की जानकारी का विवरण लेने की वृत्ति से यह प्रश्न किया गया कि क्या वे अपने क्षेत्र के थानाध्यक्ष को पहचानते हैं। लगभग 50.83 प्रतिशत उत्तरदाताओं ने इसे स्वीकारा। 60.63 प्रतिशत से यह भी स्वीकार किया वे सामान्यतः उसे क्षेत्र में घूमते हुये देखते हैं। थानाध्यक्ष के व्यवहार के प्रति 45.20 प्रतिशत उत्तरदाताओं ने उसे सामान्य बताया। 21.91 प्रतिशत उत्तरदाताओं ने उत्कृष्ट बताया। 13.69 प्रतिशत उत्तरदाताओं ने उसे क्रूर माना। किन्तु जिन्होंने उसे क्रूर बताया सामान्यतः उन लोगों का प्रभाव समाज में अच्छा नहीं है। उपर्युक्त तथ्यों से यह स्पष्ट होता है कि जन सामान्य अपने क्षेत्र के थानाध्यक्ष को पहचानते हैं। इस सम्बन्ध में अग्र-तालिका दृष्टव्य है।

**तालिका 7.1**

**पुलिस अधिकारियों के व्यवहार के सन्दर्भ में उत्तरदाताओं का मत**

**एन॰ 120**

| *प्रश्न* | | *आवृत्ति* | *प्रतिशत* |
|---|---|---|---|
| क्या आप अपने थानाध्यक्ष | (हां) | 61 | 50.83 |
| को जानते हैं | (नहीं) | 59 | 49.16 |
| **योग** | | **120** | **100.00** |
| क्या आपने उन्हें देखा है | (हां) | 73 | 60.83 |
| | (नहीं) | 47 | 39.16 |
| **योग** | | **120** | **100.00** |
| यदि हां, तो उनके व्यवहार | (बहुत अच्छा) | 16 | 21.91 |
| के विषय में बतायें | (अच्छा) | 33 | 45.20 |
| | (बुरा) | 10 | 13.69 |
| | (ज्ञात नहीं) | 14 | 19.17 |
| योग | | 73 | 100.00 |

किसी भी प्रशासनिक संगठन की उपादेयता इस तथ्य में निहित है कि वह जनसाधारण की सेवा किस सीमा तक कर पाता है। पुलिस संगठन इसका अपवाद नहीं है। यह पुलिस का उत्तरदायित्व है कि वह इस प्रकार का पर्यावरण बनाये कि जन सामान्य को असामाजिक तत्वों से भय न हो और वे विकास कर सकें। सामान्यत: सभी पुलिस आयोगों ने यह स्वीकार किया है कि पुलिस बल को मुख्य बाजारों में संवेदनशील क्षेत्रों में गश्त करते हुये देखा जा सकता है। किन्तु, वे स्थान जो संवेदनशील नहीं हैं वहां उनकी उपस्थिति प्राय: नगण्य रहती है। जिससे अपराध घटित होते हैं। 58.33 प्रतिशत उत्तरदाता यह मानते हैं कि कांस्टेबिल उनके क्षेत्र में गश्त पर आते हैं, जबकि 13.33 प्रतिशत उत्तरदाताओं ने उन्हें अपने क्षेत्र में सप्ताह में दो बार ही आते हुए देखा है और 31.42 प्रतिशत उत्तरदाता सप्ताह में एक बार। 45.71 प्रतिशत ने स्वीकार किया है सप्ताह में सिपाही गश्त पर अधिक बार आते हैं।

राष्ट्रीय पुलिस आयोग ने अच्छी पुलिस व्यवस्था के लिये सघन और सकारात्मक पुलिस और जन-साधारण के सम्बन्धों की चर्चा की है और यह सुझाव दिया है कि पुलिस संगठन के प्रत्येक पदाधिकारी को जनसम्पर्क करना चाहिये। ताकि सुरक्षा के प्रति जनसाधारण आश्वस्त हो सके। उनका व्यवहार, जनसाधारण के प्रति श्रद्धेय हो। किन्तु, 8.33 प्रतिशत उत्तरदाताओं का मानना है कि पुलिस का व्यवहार जनसाधारण के प्रति सहानुभूतिपूर्ण नहीं है। शेष उत्तरदाता ऐसा नहीं मानते हैं। सार रूप में ऐसा माना जा सकता है कि जनसाधारण के प्रति पुलिस व्यवहार में परिवर्तन प्रारम्भ हो चुका है। उक्त अनुसूची को अग्रलिखित तालिका में देखा जा सकता है।

**तालिका 7.2**

**पुलिस की सक्रियता के सन्दर्भ में उत्तरदाताओं का दृष्टिकोण**

| *प्रश्न* | | *आवृत्ति* | *प्रतिशत* |
|---|---|---|---|
| क्या थाने के सिपाही गश्त पर आते हैं | (हां) | 70 | 58.33 |
| | (नहीं) | 32 | 26.66 |
| | (ज्ञात नहीं) | 18 | 15.00 |
| योग | | 120 | 100.00 |

पुलिस का कार्य अपराधियों को पकड़ना है और मामलों की छानबीन करना है। कोई भी अपराधी तब तक नहीं पकड़ा जा सकता है जब तक कि घटना स्थल पर पुलिस शीघ्रता से नहीं पहुंचती है। क्योंकि पुलिस अगर घटना स्थल पर शीघ्रता

**तालिका 7.3**

| *प्रश्न* | | *आवृत्ति* | *प्रतिशत* |
|---|---|---|---|
| यदि हां, तो सप्ताह में कितनी बार आते हैं? | | | |
| | (एक बार) | 22 | 31.42 |
| | (दो बार) | 16 | 13.33 |
| | (अधिक बार) | 32 | 45.71 |
| योग | | 70 | 100.00 |

**तालिका 7.4**

| *प्रश्न* | | *आवृत्ति* | *प्रतिशत* |
|---|---|---|---|
| उनका व्यवहार आपके प्रति | (बहुत अच्छा) | 10 | 8.33 |
| कैसा है | (अच्छा) | 45 | 37.50 |
| | (बुरा) | 10 | 8.33 |
| | (ज्ञात नहीं) | 55 | 45.83 |
| योग | | 120 | 100.00 |

**तालिका 7.5**

| *प्रश्न* | | *आवृत्ति* | *प्रतिशत* |
|---|---|---|---|
| क्या वे आपसे कभी मिलते हैं | (हां) | 25 | 20.83 |
| | (नहीं) | 95 | 79.16 |
| योग | | 120 | 100.00 |

**तालिका 7.6**

| *प्रश्न* | | *आवृत्ति* | *प्रतिशत* |
|---|---|---|---|
| सामान्यतः स्त्री और बच्चों के | | | |
| प्रति उनका व्यवहार कैसा है | (बहुत अच्छा) | 3 | 2.50 |
| | (अच्छा) | 47 | 39.16 |
| | (बुरा) | 10 | 8.33 |
| | (ज्ञात नहीं) | 60 | 50.00 |
| योग | | 120 | 100.00 |

से नहीं पहुंचेगी तो अपराधी अपराध करके भाग सकता है। अत: पुलिस का घटना स्थल पर शीघ्रता से और समय से पहुंचना अति आवश्यक है। परन्तु जनसामान्य सामान्यत: यह बात स्वीकार नहीं करता है। इस विषय में उत्तरदाताओं से जानकारी मांगी गई तो 51.66 प्रतिशत उत्तरदाताओं ने यह उल्लेख किया कि उन्होंने या उनके पड़ोसियों ने पुलिस में एफ॰आई॰आर॰ दर्ज की है। किन्तु पुलिस को घटना स्थल पर आने में 20 मिनट से लेकर 24 घण्टे तक लगे हैं, जबकि पुलिस बल का यह मानना है कि अपराध की प्रकृति, थाने पर उपलब्ध बल की प्रकृति के कारण उन्हें घटना स्थल पर पहुंचने में कितना समय लगता है। यही कारण है कि अपराधी पकड़े नहीं जाते या साक्ष्य मिल नहीं पाते और अधिकांश मामलों में अपराधी छूट जाते हैं। अग्रांकित तालिका से उपरोक्त तथ्यों को समझने में सहायता मिलती है।

**तालिका 7.7**

**पुलिस की सक्रियता के सन्दर्भ में उत्तरदाताओं का दृष्टिकोण**

| *प्रश्न* | | *आवृत्ति* | *प्रतिशत* |
|---|---|---|---|
| क्या आपने या गांव वालों ने | (हां) | 62 | 51.66 |
| थाने में रिपोर्ट की है | (नहीं) | 58 | 48.33 |
| योग | | 120 | 100.00 |

**तालिका 7.8**

| *प्रश्न* | | *आवृत्ति* | *प्रतिशत* |
|---|---|---|---|
| यदि हां तो उसका परिणाम | | | |
| क्या रहा | (कोई परिणाम नहीं) | 14 | 22.58 |
| | (अपराधी पकड़े गये किन्तु छोड़े गये) | 15 | 24.19 |
| | (अपराधी पकड़े गये किन्तु न्यायालय से छूटे) | 19 | 30.64 |
| | (अपराधी पकड़े गये और सजा हुई) | 14 | 22.58 |
| योग | | 73 | 100.00 |

कारण कुछ भी हो अपराधी बच निकलते हैं और इससे उन्हें अपराध करने की शह मिलती है। पुलिस विभाग के सन्दर्भ में यह भी कहा जाता है कि प्रथम रिपोर्ट दर्ज करने में पुलिस पैसे लेती है और निर्दोष लोगों को पकड़ती है। 46.66 प्रतिशत उत्तरदाताओं ने इसे सही बताया और उल्लेख किया कि दोषी व्यक्तियों को पुलिस पकड़ नहीं पाती है। एक बड़े प्रतिशत ने पुलिस की सक्रियता को नकारा है और

निष्क्रियता को स्वीकारा है। इस सम्बन्ध में पुलिस बल को सचेत होने की आवश्यकता है। इस सन्दर्भ में तालिका 7.1 द्रष्टव्य है।

**तालिका 7.9**

| *प्रश्न* | | *आवृत्ति* | *प्रतिशत* |
|---|---|---|---|
| घटना घटने की कितने देर बाद सूचना | | | |
| दी गई | (15 मिनट से एक घण्टा) | 8 | 6.06 |
| | (1 घण्टे से 6 घण्टे) | 79 | 65.83 |
| | (6 घण्टे से 24 घण्टे) | 19 | 15.83 |
| | (24 घण्टे से अधिक) | 14 | 11.66 |
| योग | | 120 | 100.00 |

**तालिका 7.10**

| *प्रश्न* | | *आवृत्ति* | *प्रतिशत* |
|---|---|---|---|
| सूचना प्राप्त करने के कितने समय बाद पुलिस घटना स्थल पर पहुंची | | | |
| | (20 मिनट) | 2 | 1.66 |
| | (20 मिनट से 1 घण्टा) | 20 | 16.66 |
| | (1 घण्टे से 6 घण्टे) | 45 | 37.50 |
| | (6 घण्टे से 24 घण्टे) | 26 | 21.66 |
| | (24 घण्टे से अधिक) | 27 | 22.50 |
| योग | | 120 | 100.00 |

पुलिस द्वारा कोई भी अन्वेषण तब तक सफल नहीं हो सकता है जब तक पुलिस का नेतृत्व जन संहयोग नहीं प्राप्त करता है। किन्तु जनता ने पुलिस के साथ सहयोग करने से इंकार किया। 29.16 प्रतिशत उत्तरदाताओं ने यह तो स्वीकार किया कि पुलिस ने उनसे सहयोग मांगा। किन्तु उन्होंने सहयोग नहीं दिया, जबकि पुलिस को सहयोग देने वाले 77.14 प्रतिशत उत्तरदाताओं ने उन्हें पूर्ण सहयोग दिया। इसका मुख्य कारण स्वेच्छा न होकर, भय की भावना थी। यदि भयभीत होकर जनसाधारण पुलिस को सहयोग देता है तो यह कोई प्रशंसनीय बात नहीं कही जा सकती है। पुलिस के अतिरिक्त उन व्यक्तियों का भी भय होता है जिन्हें

**तालिका 7.11**

**पुलिस भ्रष्टाचार के सन्दर्भ में उत्तरदाताओं का दृष्टिकोण**

| *प्रश्न* | | *आवृत्ति* | *प्रतिशत* |
|---|---|---|---|
| यह कहा जाता है कि पुलिस प्रथम | (हां) | 56 | 46.66 |
| सूचना (एफ॰आई॰आर॰) दर्ज करने | (नहीं) | 23 | 15.00 |
| में पैसे लेती है। क्या यह सच है? | (ज्ञात नहीं) | 41 | 34.16 |
| **योग** | | **120** | **100.00** |
| यह माना जाता है कि पुलिस घटना की | (हां) | 58 | 48.33 |
| जांच करते समय निर्दोषों को पकड़ती | (नहीं) | 22 | 18.33 |
| है क्या यह सच है | (ज्ञानत नहीं) | 40 | 33.33 |
| **योग** | | **120** | **100.00** |

पुलिस पकड़ती है और जो जमानत पर छूटने के बाद उन्हें त्रस्त रखते हैं। इस सन्दर्भ में उचित क्रिया यह होनी चाहिये थी कि जन सामान्य पुलिस बल की सहायता करता और इस परिप्रेक्ष्य में पुलिस पदाधिकारी और नीति-निर्माताओं की जिम्मेदारी है कि व्यक्ति निःसंकोच भाव से पुलिस को सहयेाग प्रदान करे।

**तालिका 7.12**

**पुलिस व जनसामान्य के सम्बन्ध के सन्दर्भ में उत्तरदाताओं के दृष्टिकोण का स्वरूप**

| *प्रश्न* | | *आवृत्ति* | *प्रतिशत* |
|---|---|---|---|
| 1 | | 2 | 3 |
| क्या पुलिस ने जांच के समय आपसे | (हां) | 35 | 29.16 |
| सहायता मांगी | (नहीं) | 85 | 70.83 |
| 1. क्या आपने सहायता की | (हां) | 27 | 77.14 |
| | (नहीं) | 8 | 22.85 |
| 2. सहायता देने के कारण | (भय) | 12 | 44.44 |
| | (नगर दलबन्दी) | 5 | 18.51 |
| | (अन्य) | 10 | 37.83 |

| 1 | | 2 | 3 |
|---|---|---|---|
| 3. पुलिस की जांच के दौरान स्थानीय प्रतिष्ठितजन या राजनीतिक नेताओं द्वारा उसे रोकने में कोई भूमिका अदा की जाती है | (वे तटस्थ रहते हैं) | 12 | 44.44 |
| | (अपराधी को बचाते हैं) | 12 | 44.44 |
| | (प्रभावित व्यक्ति के साथ रहते हैं) | 3 | 11.11 |

गंवेषणा के समय सामान्यत: स्थानीय राजनीतिज्ञ एक अप्रशंसनीय भूमिका निर्वाहित करते हैं। वे अपराधी को बचाते हैं और सम्पन्न व्यक्तियों का साथ देते हैं, जिससे न केवल अपराध गंवेषण में व्यवधान आता है, बल्कि पुलिस और प्रभावी व्यक्ति का मनोबल भी टूटता है। इस सन्दर्भ में 7.12 तालिका दृष्टव्य है।

पुलिस की छवि के बारे में जब जनसामान्य से प्रश्न पूछे गये तो उत्तरदाताओं ने यह स्वीकार किया कि गम्भीर अपराधों की गवेषणा के लिये, थाना अध्यक्ष और पुलिस उपाधीक्षक आते हैं किन्तु पुलिस अधीक्षक के विषय में वे ऐसा भाव नहीं रखते हैं। यहां उल्लेखनीय है कि राष्ट्रीय पुलिस आयोग ने अपने प्रतिवेदन में जनपदीय पुलिस अधिकारी के लिये सुझाव दिया है वे अपराध घटने के बाद अपराध स्थल पर जरूर जायें। पुलिस अधिकारी के अपराध-स्थल पर जाने के सम्बन्ध में उत्तरदाताओं के उत्तर का प्रारूप निम्नवत् है।

**तालिका 7.13**

**पुलिस अधिकारियों के घटनास्थल पर आगमन का स्वरूप**

| | थाना अध्यक्ष | | उप-पुलिस अधीक्षक | | वरिष्ठ पुलिस अधीक्षक | |
|---|---|---|---|---|---|---|
| | आवृत्ति | प्रतिशत | आवृत्ति | प्रतिशत | आवृत्ति | प्रतिशत |
| नियमित | 39 | 32.50 | – | – | – | – |
| कभी-कभी | 54 | 50.58 | 42 | 35.00 | 20 | 16.66 |
| कभी नहीं | 13 | 10.83 | 74 | 61.66 | 90 | 75.00 |
| कहा नहीं जा सकता | 7 | 5.83 | 4 | 3.33 | 10 | 8.33 |

उपर्युक्त तालिका के पश्चात् जब जन-सामान्य से पुलिस बल के बारे में शान्ति और व्यवस्था को नियमित करने के सन्दर्भ में प्रश्न पूछे गये तब 95.83 प्रतिशत उत्तरदाताओं ने यह कहा कि नगर में स्वातंत्र्योत्तर विकास हुआ है और यह भी कि विकास के साथ-साथ अपराध भी बढ़ा है अर्थात् विकास और अपराध के

बीच में कोई सम्बन्ध है। इस परिवर्तित परिस्थिति में पुलिस बल शान्ति और व्यवस्था बनाये रखने में पूर्व की अपेक्षा सफल रहा है। 36.66 प्रतिशत उत्तरदाता ऐसा नहीं मानते हैं, जबकि 13.33 प्रतिशत उत्तरदाताओं का इस सम्बन्ध में कोई विचार नहीं है। यहां उल्लेखनीय है कि 74 प्रतिशत उत्तरदाताओं का यह विचार है कि पुलिस बल के द्वारा हड़ताल, जुलूस और अन्य प्रकार की अव्यवस्थाओं को ठीक प्रकार से नियमित न कर पाने की वजह से दिया गया है। 36.00 प्रतिशत उत्तरदाताओं ने यह उल्लेख किया कि शान्ति-व्यवस्था बनाये रखने में पुलिस की भूमिका बहुत प्रभावशाली नहीं रही।

**तालिका 7.14**

**पुलिस की निष्क्रियता के कारणों के सन्दर्भ में विकास और अपराध**

**एन॰ 120**

| *प्रश्न* | | *आवृत्ति* | *प्रतिशत* |
|---|---|---|---|
| क्या आजादी के बाद समाज में | (हां) | 115 | 95.83 |
| विकास हुआ है | (नहीं) | 5 | 4.16 |
| यदि हुआ है, तो अपराध पर | (अपराध बढ़ा है) | 90 | 75.00 |
| इसके क्या प्रभाव पड़े हैं? | (अपराध यथावत रहा) | 9 | 7.50 |
| | (अपराध कम हुआ है) | 16 | 13.33 |
| क्या आपके विचार में पुलिस | (हां) | 60 | 50.00 |
| परिवर्तित परिस्थितियों में शान्ति | (नहीं) | 44 | 36.66 |
| और व्यवस्था बनाये रखने में | (ज्ञात नहीं) | 16 | 13.33 |
| पूर्व की अपेक्षा अधिक सफल है | | | |
| यदि नहीं, तो उसके कौन-से कारण उत्तरदायी हैं | | | |
| 1. पुलिस बल का कम होना | | 7 | 15.92 |
| 2. पुलिस के पास आधुनिक साज-सामान न होना | | 5 | 11.39 |
| 3. अनैतिक व्यक्तियों का प्रभाव व उनका संगठित होना | | 8 | 18.18 |
| 4. राजनैतिक दबाव | | 10 | 22.72 |
| 5. पुलिस बल में निष्ठावान नेतृत्व का अभाव | | 1 | 2.27 |
| 6. आर्थिक लालच | | 8 | 18.18 |
| 7. अन्य | | 5 | 11.36 |

उत्तरदायी इसके कुछ कारण मानते हैं। उत्तरदाता राजनैतिक हस्तक्षेप, असामाजिक संगठित समूहों, आर्थिक उपलब्धि, प्रतिबद्ध पुलिस पदाधिकारियों का अभाव, संसाधनों की कमी आदि भी पुलिस असफलताओं के कारण मानते हैं। इन सभी तथ्यों को जानने के लिये तालिका 7.14 है।

उपरोक्त तथ्य को जानने के पश्चात् कि समाज में विकास के साथ-साथ अपराध भी बढ़ा है, यह पता चलता है कि पुलिस बल समाज में शान्ति और व्यवस्था को नियमित नहीं रख पाती है। क्योंकि पुलिस बल के पास उचित संसाधन नहीं है। इसी श्रेणी में जब उत्तरदाताओं से यह विशेष रूप से पूछा गया कि पुलिस पदाधिकारियों को रिश्वत दी है तो आश्चर्यजनक रूप से 36.66 प्रतिशत उत्तरदाताओं ने इसे स्वीकारा, उन्होंने यह भी उल्लेख किया कि रिश्वत की मात्रा दस रुपये से लेकर आठ रुपये तक रही है और वस्तुगत आधार पर दूध, घी, अनाज, मांस और मदिरा तथा अन्य कृषिजन्य उत्पाद भी दिये जाते हैं, उनका मानना है कि थानाध्यक्ष तीस प्रतिशत तक व्यापारियों से रिश्वत लेते हैं और व्यापारी इसे परम्परा मानते हुए सहर्ष प्रदान करते हैं। उत्तरदाताओं ने यह भी स्वीकार किया कि पुलिस विभाग से कहीं अधिक भ्रष्टाचार कई अन्य विभागों में है। स्वातन्त्र्योत्तर हमारी प्रशासनिक संस्कृति के लिये उत्तरोत्तर पतन की ओर यह एक आक्षेप है जिसके विषय में नेतृत्व और प्रशासन को गम्भीरतापूर्वक सोचना चाहिये। इसके लिए अग्रलिखित तालिका दृष्टव्य है।

**तालिका 7.15**

**उत्तरदाताओं की दृष्टि में पुलिस और भ्रष्टाचार का स्वरूप**

**एन॰ 120**

| *प्रश्न* | | *आवृत्ति* | *प्रतिशत* |
|---|---|---|---|
| यह कहा जाता है कि पुलिस रिश्वत लेती है, क्या | (हां) | 44 | 36.66 |
| आपने उसे कभी रिश्वत दी या और किसी ने? | (नहीं) | 76 | 63.33 |
| पुलिस विभाग के अतिरिक्त, अन्य सरकारी विभागों | (अधिक है) | 50 | 41.66 |
| में क्या भ्रष्टाचार पुलिस की तुलना में अधिक है | (कम है) | 34 | 28.33 |
| या कम है | (ज्ञात नहीं) | 36 | 30.00 |

उपर्युक्त तथ्यों को जानने के पश्चात् हम यह जान सकते हैं कि पुलिस विभाग में रिश्वत लेते हैं किन्तु उत्तरदाताओं के विचार जानने के पश्चात् यह पता चलता है कि पुलिस विभाग के अतिरिक्त सरकार के अन्य सरकारी कार्यालयों में पुलिस की तुलना में अधिक भ्रष्टाचार, राजनीतिक दबाव तथा निष्क्रियता है। अन्तत:

उत्तरदाताओं ने यह अभिव्यक्त किया है कि प्राकृतिक विपदाओं के समय भी पुलिस विलम्ब से आती है और बहुत उत्साहित रूप से सहायक नहीं होती है। ऐसे अवसरों पर भी वह सुविधा शुल्क लेती हुई देखी जा सकती है। इस सन्दर्भ में अग्रलिखित तालिका द्रष्टव्य है।

**तालिका 7.16**
**उत्तरदाताओं की दृष्टि में प्राकृतिक विपदाओं के समय पुलिस के व्यवहार का स्वरूप**

| *प्रश्न* | | *आवृत्ति* | *प्रतिशत* |
|---|---|---|---|
| प्राकृतिक विपदाओं के समय पुलिस का व्यवहार | | | |
| कैसा रहा | (वे तुरन्त आये और मदद की) | 40 | 33.33 |
| | (वे देर से आये और मदद की) | 46 | 38.33 |
| | (वे आये परन्तु लूट-खसोट की) | 30 | 25.00 |
| | (वे तुरन्त आये ही नहीं) | 4 | 3.33 |
| योग | | 120 | 100.00 |

पुलिस प्रशासन के विषय में जनसाधारण की अभिव्यक्ति का स्वरूप अपने निम्नतम बिन्दु पर है। दुखद स्थिति यह है कि जन-सामान्य जिसकी सुरक्षा के लिये पुलिस बल का संगठन किया गया है, वे उससे सन्तुष्ट नहीं हैं। वे पुलिस को अकुशल मानते हैं और उनके मन में यह अवधारणा है कि पुलिस का समाज के उच्चस्थ वर्ग और अपराधियों से सम्बन्ध है और वह निर्दोष, साधनहीन व्यक्तियों को प्रताड़ित करती है।

उल्लेखनीय है कि भारत का प्रत्येक नागरिक लगभग तेरह रुपये से अधिक प्रतिवर्ष कर के रूप में सरकार को देता है ताकि उसकी सुरक्षा हो सके किन्तु यही व्यक्ति सर्वाधिक असुरक्षित है। उसे ईश्वर की दया पर या क्षेत्र के असामाजिक तत्वों के ऊपर छोड़ दिया गया है।

अपराध और न्याय-व्यवस्था के सबसे महत्वपूर्ण अंग पुलिस के साथ ऐसा क्या हुआ है कि वह उत्तरदायी नहीं रही है। इस स्थिति को कैसे बदला जा सकता है, आदि कुछ ऐसे प्रश्न हैं जिनके उत्तर अपेक्षित हैं। इस दृष्टिकोण से हमने जिला पुलिस व्यवस्था के मध्य और निम्न स्तरीय पदाधिकारियों के विचार एकत्रित और विश्लेषित कर कुछ अन्य निष्कर्ष निकाले हैं जो आगामी अध्याय में लिपिबद्ध हैं।

# 8

# निष्कर्ष

कानून और व्यवस्था को दो ओर से चुनौतियां मिलने लगी हैं, एक आन्तरिक और दूसरी बाह्य, जहां राष्ट्रीय सुरक्षा के लिये बाह्य चुनौती पड़ोसी राष्ट्रों से मिलने लगी है, वही आन्तरिक सुरक्षा के लिये चुनौती सामाजिक, आर्थिक, राजनीतिक, सांस्कृतिक एवं धार्मिक पर्यावरण की पारस्परिक प्रतिस्पर्धा के कारण एवं संघर्ष के कारण मिल रही है।

सामाजिक स्तर पर विभिन्न कारणों से उत्पन्न हो रहे जातीय तनाव जहां प्रत्येक जाति दूसरी जाति को नीचा दिखाने में संलग्न है, वहीं आर्थिक स्तर पर भूमिहीन एवं भूमिधर वर्ग के बीच आजीविका बनाये रखने की चेष्टा, औद्योगिक परिवेश में उद्योगपति एवं श्रमिकों के बीच रोजगार बनाये रखने के प्रयास, व्यापारी वर्ग के द्वारा विभिन्न सुविधाओं को प्राप्त करने की चेष्टा, पारस्परिक तनाव का कारण बन रही है और इन समूहों के द्वारा राजनीति को अपने पक्ष में उपयोग करने अथवा राजनीतिज्ञों द्वारा इन सामाजिक आर्थिक समूहों को सत्ता के लिये प्रयोग करने की चेष्टा के सन्दर्भ में स्वतन्त्रता के बाद अपराधों का विस्तार हुआ है। यह विस्तार इस सीमा तक हुआ कि राजनीति के अपराधीकरण और अपराधी में राजनीतिकरण की प्रक्रिया प्रारम्भ हुई। इस समस्त प्रक्रिया में कानून और व्यवस्था को इस सीमा तक प्रभावित किया है कि उसे सन्तुलन में रखने वाले प्रशासनिक विभाग से जुड़े अधिकारियों की क्षमता कभी राजनीतिक हस्तक्षेप के कारण तो कभी सामाजिक दबावों के कारण स्पष्ट देखी जा सकती है। इस सन्दर्भ में उत्तर प्रदेश के भाजपा अध्यक्ष विनय कटियार का कथन महत्व रखता है कि पहले राजनीतिज्ञ अपराधियों को शरण देते थे, अब अपराधियों के संरक्षण की अभिलाषा राजनीतिज्ञ करते हैं।

इस पर्यावरण का परिणाम यह हुआ है कि देश भर में सामाजिक अशान्ति, अतिवाद, हिंसा, तोड़फोड़, सम्प्रदायवाद आदि का अनियन्त्रित प्रभाव देशा जा सकता है।

जनसंख्या विस्तार ने इसमें प्रभावी योगदान किया है। पूर्व में बंगाल और बिहार से लेकर पश्चिम में गुजरात तक और उत्तर में कश्मीर से लेकर दक्षिण में कर्नाटक तक आन्तरिक सुरक्षा प्रश्नचिन्ह के दायरे में दिखाई देती है। जातीय समूह, वैचारिक समूह, धार्मिक समूह, राजनीतिक दल आदि सभी इस स्थिति को रोक पाने में असमर्थ हैं। परिस्थितियों का अनुमान इस तथ्य से लगाया जा सकता है कि विगत दशकों में इसमें उत्तरोत्तर वृद्धि हुई है जो अध्याय प्रथम में निहित तालिका से स्पष्ट है।

आन्तरिक सुरक्षा की रोकथाम का उत्तरदायित्व पुलिस बल पर है, पुलिस की क्षमता जितनी प्रभावी होगी आन्तरिक सुरक्षा उतनी ही सुनिश्चित की जा सकेगी और इस सन्दर्भ में एक शताब्दी पहले कोर्ट कमीशन एवं फ्रेजर कमीशन (1902) के द्वारा कहे गये इन शब्दों की सार्थकता आज भी है कि समाज में पुलिस की मौजूदगी अपराध और अपराधियों की रोकथाम की प्रारम्भिक कार्यवाही है। इस प्रकार ही धर्मवीर आयोग (1977) का यह निष्कर्ष कि पुलिस की गतिशीलता उसकी क्षमता को बढ़ाती है दूसरा प्रभावी निर्देश है। पुलिस बल के नियमित प्रशिक्षण स्थानीय, सामाजिक, धार्मिक, आर्थिक और राजनीतिक पर्यावरण के विषय में पुलिस बल की जानकारी तीसरा महत्वपूर्ण आधार उनकी क्षमता को बढ़ाने का है। समुचित संसाधनों का होना और स्थानीय समाज की समझ होना चौथा महत्वपूर्ण तथ्य है। सम्प्रति एक ऐसा पुलिस बल, जो व्यवसायगत क्षमता रखता हो स्थानीय पर्यावरण से परिचित हो, प्रशिक्षित हो, गतिशील हो एवं स्थानीय समाज में अपनी उपस्थिति दर्ज करा सकता हो एवं विभिन्न दबावों के आगे सामान्यत: झुकता न हो तथा विधि की प्राथमिकता को स्वीकारता हो एक सम्पूर्ण सक्षम बल है, एक ऐसा पुलिस बल ही आन्तरिक सुरक्षा में महत्वपूर्ण भूमिका निभा सकता है।

क्या वास्तव में पुलिस बल आन्तरिक सुरक्षा को सुनिश्चित करता है एवं जनसाधारण की उसके प्रति क्या अवधारणा है। यह जानने के लिये इस शोध प्रबन्ध को पश्चिमी उत्तर प्रदेश के बुलन्दशहर जनपद में सम्पन्न किया गया।

कहना उचित ही होगा कि बुलन्दशहर जनपद अति प्राचीन जनपद है। इसका ऐतिहासिक अतीत महाभारत काल तक सुरक्षित है। यद्यपि वर्तमान में यह अपने

पड़ोसी जनपदों की तुलना में विकास के क्षेत्र में पिछड़ा हुआ है। प्रमुखत: यह कृषि प्रधान जनपद सामाजिक रूप से गंगा जमुनी सभ्यता का प्रतीक है और यहां हिन्दू, मुस्लिम, सिक्ख, ईसाई, बौद्ध, जैन, सभी धर्म के अनुयायी निवास करते हैं। प्रशासनिक स्तर पर सात तहसीलों, सोलह विकास खण्ड एवं नौ नगरपालिकाओं और नौ टाउन एरिया में जनपद विभक्त है। साम्प्रदायिक दृष्टि से यह संवेदनशील है और आर्थिक रूप से यह कृषि प्रधान है। यह दूसरी बात है कि धीरे-धीरे लघु उद्योग ने जनपद में पैर पसारने प्रारम्भ कर दिये हैं। राजनीतिक दृष्टि से यहां का जनमानस जीवंत है और इसलिये वह राष्ट्रीय और प्रान्तीय घटनाओं पर संवेदनशीलता प्रकट करता रहता है। जनसंख्या के चरित्र ने और जनपद की स्थिति ने इसे संवेदनशील बना दिया है। आन्तरिक सुरक्षा की दिशा में पुलिस बल कितना प्रभावी है यह जानने के लिये जिन चार आधारों का उल्लेख ऊपर किया जा चुका है, के विषय में जब जानकारी एकत्र करने का प्रयास किया गया तो समाज के विभिन्न स्तरों से सउद्देश्य चयनित एक सौ बीस प्रतिदर्शों में से 58.33 प्रतिशत का यह मानना था कि थाने के सिपाही गश्त पर आते हैं, किन्तु मात्र 13.33 प्रतिशत उत्तरदाताओं का यह मानना था कि वे सप्ताह में दो बार से अधिक आते हैं, अन्यथा अन्य उत्तरदाता ऐसा अनुभव नहीं करते। गश्त पर रहने वाले सिपाही जनसाधारण से सम्पर्क करने में कोई रुचि नहीं दिखाते, ऐसा 79.16 प्रतिशत उत्तरदाताओं का मानना है, जिन लोगों से वे मिलते हैं, उनके प्रति उनका व्यवहार अच्छा रहता है। 59.16 प्रतिशत उत्तरदाता यह मानते हैं कि पुलिस को यदि घटना होने पर घटनास्थल पर आने में 1 से 24 घण्टे से अधिक समय लग जाता है और यदि व्यापक सामाजिक अव्यवस्था हो तो पुलिस की भूमिका सन्तुलित रहती है। सम्प्रति, 50 प्रतिशत उत्तरदाता मानते हैं कि पुलिस शान्ति व्यवस्था बनाने में सफल रही है। किन्तु भ्रष्ट आचरण के कारण पुलिस की क्षमता कुंठित होती है। इसका कारण समुचित पुलिस बल, हथियार, संचार और वाहन तथा विशेषज्ञों का न होना जनसाधारण मानता है। वह यह भी मानता है कि पुलिस बल के अधिकांश सदस्य आवश्यकता पड़ने पर मदद करते हैं किन्तु उनका यह व्यवहार सदैव समान नहीं रहता, कारण, स्थानीय राजनेता और प्रतिष्ठित जन अपराधियों को बचाने में संलग्न रहते हैं। इसलिये पुलिस की कार्यक्षमता पर नकारात्मक प्रभाव पड़ता है।

उपरोक्त विश्लेषण के आधार पर यह निष्कर्ष निकाला जा सकता है कि आन्तरिक सुरक्षा को बनाये रखने में पुलिस अधिक सफल नहीं रही है, यह असफलता इसलिये नहीं है कि पुलिस के दृष्टिकोण एवं प्रशिक्षण में कमी है, बल्कि यह अक्षमता इसलिये है कि पुलिस बल पर अवांछित राजनीतिक और

प्रशासनिक दबाव बना रहता है। साथ ही संसाधनों के अभाव में उसकी गतिशीलता में कमी आती है। पुलिस बल के सूचना संग्रह का कार्य भी अत्याधुनिक नहीं है। परिणामत: योजना बनाने में व अपराधियों की तुलना में पीछे रहती है। यह स्थिति आन्तरिक दृष्टि से प्रभावी प्रतीत नहीं होती है।

इस परिप्रेक्ष्य में आवश्यकता यह है कि पुलिस बल और जनसाधारण के मध्य समन्वय स्थापित हो और पुलिस बल की कार्यक्षमता बढ़ाने के लिए नवीनतम तकनीक से परिचित कराया जाए। आशा है कि नीति निर्माता इस दिशा में सम्यक विचार समय रहते हुए करेंगे।

# सन्दर्भ ग्रन्थ-सूची


## मूल स्त्रोत

द पुलिस एक्ट, 1861।

यू॰पी॰ पुलिस कमीशन रिपोर्ट, सुपरिन्टेन्डेन्ट प्रिंटिंग एण्ड स्टेशनरी, इलाहाबाद, 1961, 1971।

रिपोर्ट ऑफ नेशनल पुलिस कमीशन, नई दिल्ली, 1977।

क्राइम इन इण्डिया, बी॰पी॰आर॰डी॰, मिनिस्ट्री ऑफ होम अफेयर्स, नई दिल्ली, 1994।

एनुअल रिपोर्टस ऑफ दि मिनिस्ट्री ऑफ होम अफेयर्स, दिल्ली, 1980-1984।

उत्तर प्रदेश स्टेटिसटिकल डायरी, लखनऊ, 1984।

बुलन्दशहर जनपद स्टेटिसटिकल हैन्ड बुक, बुलन्दशहर, 2002।

## सहायक स्त्रोत

### पुस्तकें

अल्तेकर, ए॰एस॰, स्टेट एण्ड गवर्नमेंट इन एनसियंट इण्डिया, मोतीलाल बनारसीदास, नई दिल्ली, 1995।

आत्रे, जे॰पी॰, क्राइम्स अगेन्सट वीमेन, विकास पब्लिकेशन हाऊस, नई दिल्ली, 1998।

अग्रवाल, के॰एम॰, कौटिल्य ऑन क्राइम एन्ड पनिशमेंट, कंचन पब्लिकेशन, बोधगया, 1983।

अय्यर, वी॰आर॰ कृष्णा, क्रिमिनोलॉजी, लॉ एण्ड सोशल चेंज, एलाइड पब्लिशर्स, दिल्ली, 1980।

अशोक, टी॰एम॰, द लोंग आर्म ऑ द लॉ-ए क्लेंच फर्स्ट, इण्डियन एक्सप्रेस, जून 16, 1977।

बाबेल, बसन्ती लाल, भारतीय दण्ड संहिता, सेन्ट्रल लॉ एजेन्सी, इलाहाबाद, 1985।

बघेल, डी०एस०, अपराध शास्त्र, सरस्वती सदन, दिल्ली।

बले, एच०डी०, पुलिस एण्ड पोलिटिकल डवलपमेंट इन इण्डिया, प्रिंसटन यूनिवर्सिटी प्रेस, न्यू जर्सी, 1969।

चन्देल, रूप सिंह, अपराध, समस्या और समाधान, किताब घर, दिल्ली, 1983।

चतुर्वेदी, एस०के० मैट्रोपोलिटियन पुलिस एडमिनिस्ट्रेशन इन इंडिया, बी०आर० पब्लिकेशन्स, नई दिल्ली, 1988।

दास, राम मोहन, क्राइम एण्ड पनिशमेंट इन एनशियंट इंडिया, कंचन पब्लिकेशन्स, बोधगया, 1982।

दास गुप्ता, ओ० डी० क्राइम एण्ड पनिशमेंट इन एनशियंट इंडिया, बुक कम्पनी, कलकत्ता, 1930।

दास, शुक्ला, क्राइम एण्ड पनिशमेंट इन एनशियंट इंडिया, अभिनव प्रकाशन, नई दिल्ली, 1977।

एडवर्ड एण्ड गैरट, मुगल एडमिनिस्ट्रेशन एन०सी० सरकार एण्ड सन्स, कलकत्ता, 1935।

गर्बर, रूडोल्फ, जे० एण्ड पैट्रिक, डी० मेकरोनी, कन्टेम्पोरेरी पनिशमेंट ब्यूज एक्सप्लेशन्स एण्ड जस्टिफिकेशन, इंडियाना, 1972।

गौतम, डी०एन०, व्हाट इज रोंग विद दि इंडियन पुलिस, दिल्ली, 1984।

गुप्ता, रामप्रसाद् दास, क्राइम एण्ड पनिशमेंट इन एनशियंट इंडिया, वाराणसी, 1973।

हैकटवाल, बी०एस०, इकोनोमिक एण्ड सोशल आस्पेक्ट्स ऑफ क्राइम इन इंडिया, लन्दन, 1934।

हॉब्स, टी०, लेवियाथन, ऑक्सफोर्ड, बेसिक बुक वैल, 1957।

कात्रे, एस०एस०, पैटनर्स ऑफ डेकोइटी इन इंडिया, एस० चंद एण्ड कम्पनी, नई दिल्ली, 1972।

कपूर, आमा, पुलिस द हूट्स फार द ला, प्रोब इण्डिया, न्यू देहली, सितम्बर, 1980।

करी, जे०सी०, द इंडियन पुलिस, फेबर एण्ड फेबर, लन्दन, 1932।

केरावाला, पेटीन, सी०, ए स्टडी ऑफ इंडियन क्राइम, पोपुलर बुक डिपो, बम्बई, 1959।

खान, एम० जैड०, डेकोइटी इन चम्बल वैली, नेशनल पब्लिशिंग हाऊस, नई दिल्ली, 1981।

खान, एके० के०, पावर, पुलिस एण्ड पब्लिक, विशाल पब्लिकेशन्स, कुरुक्षेत्र, 1983।

कोक्स, एडमण्ड, क्राइम एण्ड पुलिस इन इंडिया, स्टेनले पॉल एण्ड कम्पनी, लन्दन, 1919।

कुरैशी, आई॰एच॰, द एडमिनिस्ट्रेशन ऑफ द सुल्तानेट ऑफ देहली, एस॰एम॰ अशरफ, कश्मीरी बाजार, लाहौर, 1944।

महालिंगम, टी॰वी॰, एडमिनिस्ट्रेशन एण्ड सोशल लाइफ अण्डर विजयनगर, यूनिवर्सिटी ऑफ मद्रास, 1940।

मीर, मैराजुद्दीन क्राइम एण्ड क्रिमिनल जस्टिस इन इंडिया, नई दिल्ली, दीप एण्ड दीप, 1984।

नाथ, विरेन्द्र, जुडिशियल एडमिनिस्ट्रेशन इन एनशियंट इंडिया, जानकी प्रकाशन, पटना, 1971।

नरगोलकर, वी॰, क्राइम एण्ड ननवायलेन्स, सुलभ राष्ट्रीय ग्रन्थमाला ट्रस्ट, पूना, 1974।

नथ्यर, बी॰आर॰, वायलेन्स एण्ड क्राइम इन इण्डिया, ए क्वान्टीटेटिव स्टडी, मैकमिलन, नई दिल्ली, 1975।

पाण्डेय, एस॰एन॰, नक्सलिज्म, अभिनव प्रकाशन, दिल्ली, 1985।

प्रधान, एम॰सी॰, द पोलिटिकल सिस्टम ऑफ दि जाट ऑफ नार्दन इंडिया, ऑक्सफोर्ड, लन्दन, 1966।

राजगोपाल, बी॰आर॰, वायलेन्स एण्ड रेस्पोन्स, उप्पल पब्लिशिंग हाऊस, नई दिल्ली, 1988।

रेकलस, वाल्टर सी॰, द क्राइम प्रोबलम्स, वकील्स, फेबर एण्ड सीमन, न्यूयार्क, 1967।

राव, एस॰ वेनु गोपाल, पुलिस एडमिनिस्ट्रेशन, आई॰आई॰पी॰ए॰, नई दिल्ली, 1982।

सेबाइन, जी॰एच॰, ए हिस्ट्री ऑफ पोलिटिकल थ्योरी, जॉर्ज एच हार्पर, लन्दन, 1939।

सेंगर, एस॰पी॰, क्राइम एण्ड पनिशमेंट इन मुगल इंडिया, स्टरलिंग पब्लिशर्स, नई दिल्ली।

शर्मा, श्रीराम, मुगल गवर्नमेंट एण्ड एडमिनिस्ट्रेशन, हिन्द किताब, बम्बई, 1951।

शर्मा, जी॰सी॰, एडमिनिस्ट्रेटिव सिस्टम ऑफ राजपूतस, राजेश पब्लिकेशन्स, नई दिल्ली, 1981।

शर्मा, पी॰डी॰, पुलिस एण्ड क्रिमिनल जस्टिस एडमिनिस्ट्रेशन इन इंडिया, उप्पल पब्लिशिंग हाऊस, नई दिल्ली, 1985।

श्रीवास्तव, एस॰पी॰, भारत में अपराध, दण्ड एवं सुधार, हिन्दी ग्रन्थ अकादमी, लखनऊ, 1977।

शुक्ला, के॰एस॰ (सम्पादित), क्लैक्टिव वायलेन्स, आई॰आई॰पी॰ए॰, नई दिल्ली, 1988।

सिन्हा, बी॰पी॰, रीडिंग्स इन कौटिल्य अर्थशास्त्र, अगय प्रकाशन, दिल्ली, 1976।

सिंह, आर॰ए॰पी॰, क्राइम एण्ड कम्यूनिटी, प्रिंटवेल पब्लिशर, जयपुर, 1987।

शर्मा, पी०डी०, पुलिसिंग, ए प्लूरल सोसायटी (पुलिस एण्ड एयरर्जिग चैलेंजेज), एस०के० चतुर्वेदी, बी०आर० पब्लिशिंग, दिल्ली, 1988।

कौटिल्य का अर्थशास्त्र, डॉ० विद्याभास्कर देवरत्न, महर चन्द्र, छम्मनलाल, दास पब्लिकेशन, अंसारी रोड, नई दिल्ली।

रामगोपाल, ब्रिटिश रूल इन इंडिया।

रंगनाथ, रूरल लीडरशीप, एशिया पब्लिकेशन, बम्बई, 1971।

रीडीलेट, लुई०ए०, पुलिस एण्ड कम्यूनिटी टिलेशन्स, द ग्लैको प्रेस, लन्दन, 1998।

रोजीनाओ, जेम्स एन०, इण्टरनेशनल पालिटिक्स एण्ड फोरेन पॉलिसी, प्री प्रेस न्यूयॉर्क, 1994।

राय, एस०वी०, फैक्ट्स ऑफ क्राइम इन इण्डिया, एलिड पब्लिशर्स, बम्बई, 1967।

सरकार, जदुनाथ, मुगल एडमिनिस्ट्रेशन, एम०सी० सरकार प्रा० लि० कलकत्ता, 1952।

कुरैशी, आई०एच०, द एडमिनिस्ट्रेशन ऑफ सल्तनत देहली, ओरियन्ट रिप्रिन्ट कारपोरेशन, लाहौर, 1971।

पाराशर, राजेन्द्र, पुलिस एडमिनिस्ट्रेशन, दीप एण्ड दीप पब्लिकेशन, दिल्ली, 1986।

पाण्डेय, ए०के०, डवलपमेन्ट एडमिनिस्ट्रेशन एण्ड लोकल पुलिस, मित्तल पब्लिकेशन, दिल्ली, 1987।

नारायण राव, एम०बी०, द रोल ऑफ पुलिस।

मोरिसटेन, मार्क्स, एलीमेन्टस ऑफ पब्लिक एडमिनिस्ट्रेशन, प्रिन्टस हाल ऑफ इण्डिया, 1964।

मलिक, बी०एन०, नेहरू ऑन पुलिस, पाटिल एण्ड दत्त पब्लिशर्स, देहरादून, 1970।

लक्ष्मण, सी०, चैंजिंग सोशल स्ट्रम्बर एण्ड पुलिस।

मलिक, पी०एल०, उत्तर प्रदेश पुलिस रेग्यूलेशन, इस्टर्न बुक कम्पनी, लखनऊ, 1977।

मिश्रा, एस०सी०, पुलिस एडमिनिसट्रेशन इन इण्डिया, नेशनल पुलिस अकादमी, माउण्ट आबू, 1970।

मिश्रा, शालीन्द्रा, पुलिस बुटिलिटी इन एनलाईसेस ऑफ पुलिस बिहेवियर, विकास, नई दिल्ली, 1986।

रंवारा, एस०एस०, डिस्ट्रिक्ट एडमिनिस्ट्रेशन इन इण्डिया, एशिया पब्लिशिंग हाऊस, नई दिल्ली, 1964।

उत्तर प्रदेश शिक्षा सांख्यिकी शैक्षिक, अनुसंधान एवं प्रशिक्षण परिषद्, उ०प्र० लखनऊ, 1990।

ग्राउस एफ॰एस॰, बुलन्दशहर : एक भारतीय जनपद की रूपरेखा-सामाजिक ऐतिहासिक और पुरातत्वीय, (बनारस, 1984)।

शर्मा, यादराम, इतिहास जिला बुलन्दशहर (बुलन्दशहर, 1956)।

सेन, कुँवर लक्ष्मण, जिला गजेटियर, ग्राउस एफ॰एस॰।

शुक्ल चिन्तामणि, बुलन्दशहर जनपद का राजनीतिक इतिहास (मथुरा, 1981)।

जायसवाल, के॰पी॰, हिस्ट्री ऑफ इण्डिया, (लाहौर, 1933)।

पाण्डेय, राजबली, पूर्वोक्त।

तारीखे फिरोजशाही, आदि, खिलजी कालीन भारत में संग्रहीत बुलन्दशहर गजेटियर, 1904।

सुन्दर लाल, भारत में अंग्रेजी राज्य, द्वितीय खण्ड, (नई दिल्ली : सूचना विभाग, 1970)।

स्वतन्त्रता संग्राम के सैनिक : संक्षिप्त परिचय-6, जनपद बुलन्दशहर, (लखनऊ : सूचना विभाग, 1969)।

प्रमोद कुमार मित्तल, भारत के स्वाधीनता संग्राम में जनपद बुलन्दशहर का योगदान 1919-1942, पी-एच॰ डी॰ शोध प्रबन्ध, मेरठ विश्वविद्यालय, 1998।

सतीश कुमार, शोध ग्रन्थ "स्थानीय स्तर पर राजनीतिक दलों की भूमिका", (जनपद बुलन्दशहर का एक अध्ययन), 1997।

## लेख

अभ्यानन्द, इकॉनामिक्स ऑफ क्राइम, इंडियन पुलिस जनरल, नई दिल्ली, जनवरी-मार्च, 1985।

अनताचारी, टी॰, कम्प्यूटर क्राइम, इंडियन पुलिस जनरल, नई दिल्ली, जनवरी-मार्च 1985।

अरूल, एफ॰वी॰, सम थॉट ऑन प्रिवेन्सन ऑफ क्राइम, सी॰बी॰आई॰ बुलेटिन, नई दिल्ली, अक्तूबर, 1985।

बाबा, पी॰एस॰, पुलिस एण्ड पब्लिक कॉरपोरेशन अगेन्स्ट क्राइम, पुलिस रिसर्च एण्ड डवलपमेंट, नई दिल्ली, जुलाई-सितम्बर, 1984।

भट्टाचार्य, अजित, पुलिस एण्ड पॉलिटिशयन, इंडियन एक्सप्रेस, नई दिल्ली, 12 जुलाई, 1979।

बोस, ए॰सी॰, पुलिस इन्डिसप्लिन एण्ड पॉलिटिक्स, अमृत बाजार पत्रिका, कलकत्ता, 9 सितम्बर, 1969।

चिनप्पा रेड्डी ओ॰, क्रिमिनल लॉ, पुलिस एण्ड जस्टिस, इंडियन पुलिस जनरल, जनवरी-मार्च, 1941।

चिनप्पा रेड्डी ओ॰, सोसाइटी, लॉ एण्ड क्राइम मेनस्ट्रीम, नई दिल्ली, 13 नवम्बर, 1982।

दास, तुषार क्रान्ति, क्राइम एण्ड पनिशमेंट हाऊ टू ब्रिंग ओफेन्डर्स टू बुक : स्टेट्समैन, नई दिल्ली, जून, 1982।

दियाज, एस॰एम॰ आर्गनाइज्ड क्राइम, इंडियन जनरल ऑफ क्रिमिनोलोजी एण्ड क्रिमिनलस्टिक, मद्रास, जनवरी–जून, 1985।

दात्ता रे एवं सुनन्दा के॰, पुलिस एण्ड पॉलिटिशियन, इंडियन पुलिस एण्ड पॉलिटिशियन, इंडियन पुलिस जनरल, नई दिल्ली, जनवरी–मार्च, 1971।

खुसरो, एम॰एम॰ए॰ रि–आरडीनेशन ऑफ कोर्ट प्रोसीजर इन क्रिमिनोलोजी एण्ड क्रिमिनल ट्राइल्स, इंडियन जनरल ऑफ क्रिमिनोलोजी एण्ड क्रिमिनलस्टिक, मद्रास, मार्च, 1982।

क्लिफ फोर्ड, विलियम, प्लानिंग टू प्रिवेट क्राइम इन इंडिया, इंडियन जनरल ऑफ सोशल वर्क, बम्बई, अक्तूबर, 1986।

कृष्णा, के॰पी॰, मोटिव बिहाइन्ड मर्डर इन इंडिया, श्री बी॰आई॰ बुलेटिन, नई दिल्ली, जुलाई, 1985।

कुलकर्णी, बी॰बी॰, पुलिस एण्ड पॉलिटिशियन, इंडियन पुलिस एण्ड पॉलिटिशियन, इंडियन पुलिस जनरल, नई दिल्ली, जनवरी–मार्च, 1971।

लेविंजर, चार्ज, अनकवरिंग इलिट क्राइम एन इण्ट्रोडक्शन, जनरल ऑफ सोशल इस्यूज, जुलाई–सितम्बर, 1987।

माहेश्वरी, एस॰आर॰, आउट वर्स्ट ऑफ लॉग सप्रेस्ड ऐंगरी, द हिन्दू, मद्रास, 6 जुलाई, 1979।

माहेश्वरी, एस॰आर॰, क्राइम एण्ड पनिशमेंट ऑफ द पुलिस एण्ड जुडिशियरी, स्टेट्समैन, नई दिल्ली, जनवरी, 1982।

मिश्रा, बी॰जे॰, ए न्यू स्कीम फॉर क्राइम प्रिवेशन, इंडियन, पुलिस जनरल, नई दिल्ली, अप्रैल–जून, 1981।

मुकर्जी, दिलीप, पुलिस एण्ड पालिटिशियन, द टाइम्स ऑफ इंडिया, नई दिल्ली, 7 अगस्त, 1969।

नगला, बी॰के॰ वीमेन एण्ड क्राइम : एसोसियोलॉजिकल एनेलिसिस ऑफ क्रिमिनॉलॉजी इन इंडिया इंडियन जनरल ऑफ क्रिमिननॉलॉजी एण्ड क्रिमिनलस्टिक, मद्रास, जुलाई–दिसम्बर, 1985।

नन्दी, राज, क्राइम कंट्रोल : नीड फॉर ए न्यू आउटलुक, मेन एण्ड डवलपमेंट, चंडीगढ़, दिसम्बर, 1982

नाथ, टी॰, क्राइम कंट्रोल पैटर्न ऑफ नार्थ एण्ड साऊथ इंडिया : ए स्टडी इंडियन जनरल ऑफ क्रिमिनॉलॉजी एण्ड क्रिमिनलस्टिक, मद्रास, सितम्बर-दिसम्बर, 1982।

नारायण राव, एम॰वी॰, रोल ऑफ पुलिस इन द डवलपिंग पॉलिटिकल कॉन्टेस्ट, रेड्डी राम एण्ड सिसादरी, के॰ यूनिवर्सिटी प्रेस, 1972।

नत्थू लाल, क्राइम इन द कॉन्टैस्ट ऑफ सोशियो-इकॉनोमिक डवलपमेंट इन इण्डिया, इंडियन पुलिस जनरल, नई दिल्ली, अक्तूबर-दिसम्बर 1980।

सम्पूर्णानन्द, स्टूडेन्ट्स अनरेस्ट एण्ड अवर डेमोक्रेसी, अमृत बाजार पत्रिका, कलकत्ता, 29 अक्तूबर, 1962।

सन्थानम, आर॰ इलिमिनेटिंग करप्सन : ए थ्री प्रोन्ड अटैक, द हिन्दुस्तान टाइम्स, नई दिल्ली, 4 अप्रैल, 1975।

सटोलिया, शंकर, क्राइम, सोसायटी एण्ड द पुलिस, इंडियन पुलिस जनरल, नई दिल्ली, जनवरी-मार्च, 1982।

सेन, शंकर, क्राइम सोसायटी एण्ड पुलिस, इन ऑल इंडियन सेमिनार ऑन द रोल ऑफ द पुलिस इन ए चैंजिंग सोसायटी इन इंडिया, आई॰आई॰एम॰सी॰ कैम्पस, नई दिल्ली, 2-3 नवम्बर, 1986।

सेन, शंकर, क्राइम इन मॉडर्न सोसाइटीज, इंडियन पुलिस जनरल, नई दिल्ली, जनवरी-मार्च, 1983।

सेनापति, जी॰सी॰ सोशियो-इकॉनोमिक डाइयेन्सन्स ऑफ व्हाइट कलर क्राइम, पुलिस रिसर्च एण्ड डवलपमेंट, नई दिल्ली, अप्रैल-जून, 1986।

शर्मा, पी॰डी॰ क्राइम, क्रिमिनल एण्ड क्रिमिनल जस्टिस प्रॉसेस, इंडियन जनरल ऑफ क्रिमिनॉलॉजी एण्ड क्रिमनलस्टिक मद्रास, जनवरी-जून, 1985।

शर्मा, पी॰डी॰, क्रिमिनल जस्टिस, पुलिस एण्ड वीकर सेक्शन्स ऑफ सोसायटी इन इंडिया, प्रशासनिका, जयपुर, अप्रैल-जून, 1981।

सिंह, सीताराम, जुडीशियल, इण्टरवेन्शन इन पुलिस इन्वेसटिगेशन, सी॰बी॰आई॰ बुलेटिन, नई दिल्ली, जनवरी, 1988।

श्रीवास्तव, आर॰एस॰, क्राइम इन कन्टेम्पोरेरी सोसाइटी, इंडियन जनरल ऑफ क्रिमिनॉलॉजी एण्ड क्रिमिनलस्टिक, मद्रास, अक्तूबर, 1983।

तलवार, एस॰आर॰के॰, ऑफेन्सेज एण्ड द आफेन्डट बियॉन्ड रिसर्च ऑफ लॉ, इंडियन पुलिस जनरल, नई दिल्ली, जुलाई-सितम्बर, 1980।

तलवार, एस॰आर॰के॰, क्राइम प्रिवेशन एण्ड क्राइम स्ट्रेटेजीस, इंडियन पुलिस जनरल, नई दिल्ली, वॉल्यूम 23, सं॰ 2, अक्तूबर-दिसम्बर, 1981।

वोहरा, के॰बी॰, प्रोटेक्शन ऑफ वीमेन एण्ड प्रिवेंशन ऑफ क्राइम्स अगेन्स्ट देम, इंडियन पुलिस जनरल, नई दिल्ली, वॉल्यूम 2, नं॰ 4, अप्रैल-जून, 1981।

बन्सल, अनिल, रिपोर्ट जनसत्ता, 20 फरवरी, 1988।

अली, कुर्बान, राजनीतिज्ञों की दूर से सलाम, रविवार 1 से 7 फरवरी, 1988।

दत्ता, जी॰सी॰, रिफलैक्शन ऑन क्राउड कन्ट्रोल, इंडियन पुलिस जनरल, 1960, पृ॰ 22।

जोशी, जी॰पी॰, मैनेजरीयल फिलॉसफी ऑफ द पुलिस आर्गेनाईजेशन इन इंडिया, इंडियन पुलिस जनरल, अप्रैल-जून, 1980।

राय, एस॰ वेनूगोपाल, द एमर्जिंग रोल ऑफ द पुलिस, इण्डियन पुलिस जनरल, अक्तूबर-दिसम्बर, 1975, पृष्ठ 29-30।

रुस्तम, जी॰के॰एफ॰, पुलिस रिपोर्ट ऑनली ए डिस्टेन्ट ड्रीम-मेनस्ट्रम 19(2), 7 फरवरी, 1981।

सक्सेना, एन॰एस॰, पुलिस इन पोपुलरिटी, काबीज एण्ड ऐमीडीज, इण्डियन पुलिस जर्नल, अक्तूबर-दिसम्बर, 1974, पृष्ठ 7-17।

## समाचार पत्र एवं पत्रिकाएं

द हिन्दुस्तान टाइम्स, नई दिल्ली।

द टाइम्स ऑफ इण्डिया, नई दिल्ली।

इंडियन एक्सप्रेस, नई दिल्ली।

हिन्दुस्तान (हिन्दी), नई दिल्ली।

अमर उजाला (हिन्दी), मेरठ।

दैनिक जागरण (हिन्दी), मेरठ।

दैनिक प्रभात (हिन्दी), मेरठ।

नवभारत टाइम्स (हिन्दी), नई दिल्ली।

राष्ट्रीय सहारा।

इलस्ट्रेड वीकली, नई दिल्ली

साप्ताहिक हिन्दुस्तान, नई दिल्ली।

साप्ताहिक दिनमान।

इंडिया टुडे (हिन्दी), नई दिल्ली।

पुलिस विज्ञान पत्रिका (हिन्दी), नई दिल्ली।

पॉलिटिकल साइंस रिव्यू, जयपुर।

इण्डियन पुलिस जनरल, नई दिल्ली।

इण्डियन जनरल ऑफ पब्लिक एडमिनिस्ट्रेशन, नई दिल्ली।